清末民初文獻叢刊

鄧鐵香奏稿

[清] 鄧承修 撰

朝華出版社
BLOSSOM PRESS

圖書在版編目（CIP）數據

鄧鐵香奏稿 / (清) 鄧承修撰. -- 北京 : 朝華出版社, 2018.4
(清末民初文獻叢刊)
ISBN 978-7-5054-4244-3

Ⅰ. ①鄧… Ⅱ. ①鄧… Ⅲ. ①奏議－中國－清代
Ⅳ. ①K250.65

中國版本圖書館CIP數據核字(2018)第052400號

鄧鐵香奏稿

作　　者　[清]鄧承修

選題策劃　楊麗麗　尚論聰
責任編輯　樓淑敏
特約編輯　齊　芳
責任印制　張文東　陸競贏
封面設計　劉敬偉

出版發行　朝華出版社
社　　址　北京市西城區百萬莊大街24號　　郵政編碼　100037
訂購電話　（010）68996618　68996050
傳　　真　（010）88415258（發行部）
聯系版權　j-yn@163.com
網　　址　http://zhcb.cipg.org.cn
印　　刷　藝堂印刷（天津）有限公司
經　　銷　全國新華書店
開　　本　880mm × 1230mm　1/32　　字　　數　94千字
印　　張　7.5
版　　次　2018年4月第1版　2018年4月第1次印刷
裝　　別　精
書　　號　ISBN 978-7-5054-4244-3
定　　價　60.00元

出版前言

中國自一八四〇年鴉片戰爭以來，傳統的農業文明在西方的堅船利炮轟擊之下徹底被顛覆，有擔當的知識分子苦苦追尋，思索社會改革的途徑。從最初的『師夷長技以制夷』到『民主制度，天下之公理』（梁啓超語），他們發現要『强國富民』，首先要『開啓民智』，衹有民衆擁有了獨立思想和批判精神，國家纔能實現真正的强大。在此後一百年的時間裏（一八四〇—一九四九），思想者們從社會變革深入到國民性的改造，用每一部作品見證着中國近代化的遞變歷程。這是一個極其重要的時代，《清末民初文獻叢刊》正是收録了這一時期的作品，大部分書籍都是早期版本，有着極高的文獻研究價值。

清末的中國經歷了『三千年來未有之大變局』（李鴻章語），大清王朝面對西方列强的艦炮，表現得驚慌失措。尤其是鴉片戰爭，使『天朝帝國萬世長存的迷信受到了致命的打擊，野蠻的、閉關自守的、與文明世界隔絶的狀態被打破了』（《馬克思恩格斯選集》）。一批士大夫知識分子，尤其是在歐美諸國擔任使臣或者游歷的知識分子最先覺醒，着眼于對西方國家的考察，進而反省本國政治制度的劣勢，可以視作『啓蒙』的端倪。如曾擔任駐英公使（兼任駐法公使）的郭嵩燾在《使西紀程》中以日記的形式記録了自己對歐西諸國的觀感，他在考察了英國的政治制度之後，發現英國政府官員收入超過三百磅者與普通老百姓一樣同等納稅，他説：『此法誠善，然非民主之國，則勢有所不行。西洋所以享國長久，君民兼主國政故也。』他明確提出了『民主』，在國家的管理問題上，人民也有參與的權利。他在該書中所披露的西方政治、經濟、文化等領域優于大清帝國這一事實觸動了保守派的神經，立刻遭到保守派群起而攻之，進士何金壽彈劾他『有二心于英國，欲中國臣事之』，他家鄉湖南的民衆對他更是痛加詆毁，以至于滿城揭帖，誣蔑他『溝通洋人』，在這種群情汹汹的情況下，朝廷最後下旨將《使西紀程》毁版，從而使該書成了禁書。然而，書雖被毁版，却不能堵死民衆的傳播與閲讀的途徑，上海的《萬國公報》依舊連載該書，張佩綸曾説：『朝廷禁其書，而新聞紙接續刊刻，中外傳播如故也。』從某種意義上來説，啓蒙是時代的需要，盡管清政府發諭旨禁了該書，民衆乃至一些朝廷大員却依舊在私下閲讀，以便瞭解外部的世界。進步的社會是開放性的，任何企圖『閉關鎖國』的努力都意味着歷史的倒退，祇有開放，與整個世界文明保持同等的步伐，纔能實現真正的强國之夢。當大批知識分子走出閉鎖的國門，親歷了文明的洗禮之後，也就把啓蒙的智識帶回了中華大地。容閎的《西學東漸記》，梁啓超的《新大陸游記》，崔國因的《出使美日秘日記》等一大批作品介紹了海外諸國的政治、經濟、軍事、外交、文化。雖然這些作品在認識上仍然帶有時代的局限性，然而却是那時最爲珍貴的聲音。

另一方面，在學術上，中國文化母體内『經世致用』思想與資産階級思想相結合，也唤起了變革，以康有爲、梁啓超爲首的改良派試圖通過自上而下的革新以實現變革。康有爲的《新學僞經考》《孔子改制考》就是借經學之表論資産階級學説之裏的著作，康有爲的弟子梁啓超更是通過《新民説》一書提出國民性改造。與早期啓蒙者『師夷長技』的器物文明引進不同，梁啓超上升到形而上的精神領域，從文化心理上更加徹底地進行變革。梁氏是清朝末年到民國初年一個橋梁式的人物，被譽爲『輿論之驕子，天縱之文豪』，其影響力不但在學術領域，同時還在文學領域，他所倡導的『詩界革命』得到了譚嗣同、黄遵憲、丘逢甲等人的響應，黄遵憲的《日本雜事詩》，丘逢甲的《嶺雲海日樓詩鈔》都體現了這種主張。這一主張要求反映新的時代和新的思想，用『我手寫我口』（黄遵憲語）的方式直抒胸臆，對長期占詩壇主流的擬古主義、形式主義産生了巨大的衝擊，解放了寫作者的心靈和頭腦。

與社會變革同步的是早期對西方思想著作的翻譯，這裏面影響最大的是嚴復，他翻譯的《天演論》《社會通詮》等書直接孕育了民國一代的知識階層。魯迅、胡適等人在文章中都曾提到《天演論》對他們思想所産生的震撼。與嚴復略有不同的另一位翻譯家是林紓，他的譯作雖然參差不齊，但卻在更細膩的心靈層次對讀者産生影響，許壽裳曾回憶，他和魯迅都熱衷于林譯的小説，如《巴黎茶花女遺事》《黑奴籲天録》《迦茵小傳》等作品。

辛亥革命之後，進步社會思潮成爲主流，比之清末思想啓蒙者『求存』的追求，民國以來的知識階層深入到了更加細微的肌理，一方面呼唤社會變革，另一方面進行點滴的建設，革命并不能使所有的一切一蹴而就，在更加深廣的領域，事物的改變是由微觀而宏觀。通俗地説，比之于革命，建設的意義更大。如《中國商業史》《中國教育史》《中國倫理學史》《中國哲學史大綱》《中國小説史略》等一大批作品都是進行系統的梳理與建設的理論作品。其中，以胡適和魯迅二人的影響最大，他們的作品一紙風靡，從而成爲新文化運動的主力人物。

《清末民初文獻叢刊》收録的文獻大致上可以分爲三個階段，其中龔自珍、張之洞、魏源、郭嵩燾、薛福成等人的作品可視爲『早期啓蒙』，康有爲、梁啓超、黄遵憲、嚴復、林紓等人的作品可視爲『中期啓蒙』，胡適、魯迅、蔡元培等人的作品可視爲『晚期啓蒙』。當然，這種劃分并非嚴格意義上的，大部分啓蒙思想者隨着時代的變化，其思想在不斷進步。縱觀整個近現代史，可以發現，要求變革不是在某一個領域，由某一類人發起和完成的，而是全社會的要求。

變革，已經成爲全社會的共識。

從清末民初的文獻中，我們能够發現一種豐富性。這些作品涉及政治、經濟、軍事、教育、外交、宗教、心理、情感等方方面面，從内而外地净化着中國兩千年以來的封建積習。它不衹是對社會的改造，更是對人心靈的重塑；它首重國家社會之建設，同時亦重靈魂心智之唤醒；它是宏大的，也是微觀的；它是嚴肅莊重的，也是活潑靈動的；這些作品結構精巧，思想内容深刻，擁有濃厚的人文主義色彩，對推動社會主義建設，實現中國夢有重大意義，是近現代中國一百年來最宏富的智識與情感的寶藏。因此，整理這些文獻作品，無論是出于資料保存的目的，還是爲圖書館提供資料副本，都有不可估量的意義。

特定時代下的文獻，當它一旦形成（既指草擬，創作的完成，也指其成爲一個載體），就不可再複製了，也就意味着它將面對消亡。對于文獻資料而言，越接近歷史事件發生的時代記録，越具有研究價值。文獻本身具有不可再生性，它衹會消亡，而不會增多。盡管文獻本身的文字可以保留下來，并進行傳播，却失去了當時的時代氣息。當時的作品可能在技巧上，文字的成熟度上不及當代，但它所負載的信息，創作者的情感都反映了當時的歷史，也就是説，它具有不可替代的歷史意義。

影印的版本有三個特點，第一是擁有文獻的『原始性』；第二個特點是『未經改動的』；第三個特點是『歷史的原貌』。所謂『原始性』，也就是説，它是第一手資料，而非轉述的，回憶形成的；『未經改動的』，是指未被篡改、删節、挖補的；『歷史的原貌』是指在影印製作過程中，完全依照文獻的原來模樣……這樣製作出版的作品，無异延續了文獻的壽命。

近現代思想史上的一個最重大的思潮就是『開放』，從林則徐的『開眼看世界』到蔡元培的『兼容并包』，都是在倡導一種開放式的胸襟。而《清末民初文獻叢刊》最有魅力的部分就是『開放』這一主題，衹有融入到世界文明發展的進程中，中華文明纔能歷久彌新。

《清末民初文獻叢刊》編委會

二〇一七年四月十四日

凡例

一、《清末民初文獻叢刊》（以下簡稱『叢刊』）爲影印本，舉凡所用之底本，均爲該書之早期版本。有清末刊本，亦有民國印本。

二、《叢刊》均依底本影印，未予删改，僅代表作者個人觀點，不代表官方立場；原刊本有誤，不予校改，以保留文獻之原貌。

三、《叢刊》所用之底本，因時日久遠存在漫漶的情況，均進行了修復；底本闕文、印刷不清，均保留原貌。

四、爲讀者閱讀之便，《叢刊》中之舊底本目録未標記頁碼者，編了目次；原底本有頁碼和目録，未予重複編目。

五、爲保持文獻的原始風貌，影印本保留了原書書影（原書爲多册，則保留第一册書影）、扉頁等信息。所用底本無相應信息者，則不予妄添，以免錯訛。

目録

鄧鐵香奏槀六卷

安雅主人署撿

光緒壬寅
孟春排印

鄧鐵香京卿奏稿

目錄

請飭禁抽收賭欵疏　同治十三年正月十二日　浙江道御史任
請勤修省疏　同治十三年二月初七日　浙江道御史任
請斥革賤役捐考以清流品疏　同治十三年六月念五日　浙江道御史任
特參知府招權納賄疏　光緒五年五月初六日　江南御史任
論使臣被議有關政體疏　光緒五年六月初十日　掌雲南道御史任
糾學臣貪婪嚚蹇疏　光緒五年七月念九日　掌雲南道御史任
請飭禁官吏收受賭規片　仝上
會議另摺具陳俄事疏　光緒五年十二月初十日　掌雲南道御史任

劾廷臣濫保疏 光緒十年四月念八日掌雲南道御史任

論浙撫清查荒熟辦理失宜疏 光緒六年七月初四日掌雲南道御史任

請飭輔臣入贊樞務疏 光緒六年七月十六日掌雲南道御史任

疏濬湖田以資保衞疏 光緒六年九月初十日掌雲南道御史任

特參大臣婚嫁違制疏 光緒六年十一月念七日掌雲南道御史任

劾督臣徇私瀆請疏 光緒七年二月初十日巡視東城掌雲南道御史任

劾坊官擅稟臆保疏 光緒七年五月十二日巡視東城掌雲南道御史任

請任賢去邪以應天譴疏 光緒七年六月十四日巡視東城掌雲南道御史任

劾書房窩賭疏 光緒七年九月初四日巡視東城掌雲南道御史任

乞留重臣以維大局疏 光緒七年九月十五日巡視東城掌雲南道御史任

論外患日深請下百官廷議疏　光緒九年八月初九日　戶科掌印給事中任

請另派大員察看河工片　仝上

請撤銷知府附祀專祠疏　光緒九年八月念九日　戶科掌印給事中任

論粵省劣幕盤踞片　仝上

論粵省吏治廢弛片　仝上

論言官罔上狥私疏　光緒九年九月十九日　戶科掌印給事中任

陳粵省吏治積弊疏　光緒九年十一月十六日　戶科掌印給事中任

劾京椌命案擱延片　仝上

請罰捐臣欵以濟要需疏　光緒九年十一月十八日　戶科掌印給事中任

請重懲廣東貪吏片　仝上

論大臣貪汙溺職片　仝上
劾運使貪邪片　仝上
請另揀大員查辦以杜瞻徇疏　光緒九年十一月念二日　戶科掌印給事中任
劾府尹吸食洋烟片　仝上
劾言官挾私逞忿疏　光緒十年正月十八日　戶科掌印給事中任
劾疆臣喪師辱國疏　光緒十年二月念九日　戶科掌印給事中任
統籌兩粵邊防疏　仝上
請並建親賢疏　光緒十年三月念三日　戶科掌印給事中任
請急籌戰守議　光緒十年四月初十日　戶科掌印給事中任聯銜
請留總兵以重畿疆疏　光緒十年四月十四日　戶科掌印給事中任

密陳間敵之策疏　光緒十年四月十九日　戶科掌印給事中任
謝授內閣侍讀學士恩摺　光緒十年閏五月念一日
劾刑官讞獄失平疏　光緒十年六月十八日　內閣侍讀學士任
請豫戒邊軍儲機立應疏　仝上
請速諭疆臣進兵以杜奸謀疏　光緒十年六月二十四日　內閣侍讀學士任
請專委任以責成功疏　光緒十年七月十三日　內閣侍讀學士任
請飭令吳淞砲台砲船合力夾擊法船片　仝上
謝授鴻臚寺卿恩摺　光緒十年七月十五日
辭總署兼行疏　光年十年八月初三日　鴻臚寺卿任
謝授總署兼行並瀝陳愚悃疏　光緒十年八月初四日　鴻臚寺卿任

請派大員節制軍務以一事權疏　光緒十年九月初五日　鴻臚寺卿任
保薦使才將才以備採擇片　仝上
請密派重臣查辦臺防疏　光緒十年十一月初六日　鴻臚寺卿任
請寬譴官處分以作敢言之氣疏　光緒十年十二月十四日　鴻臚寺卿任
謝革職留任恩疏　光緒十年十四月二十六日
特參貪劣鑽營藩司疏　光緒十一年六月初十日　革職留任鴻臚寺卿
劾廣東學臣舞弊片　仝上
劾福建藩司聞警移眷片　仝上
劾開歸陳許道片　仝上
懇恩乞假回籍省親疏　光緒十一年七月初四日

請飭禁抽收賭欵疏

奏爲廣東省抽收闈姓賭欵摟括民利貽害科場有乖政體請
旨嚴飭督撫裁禁以除民害而重關防恭摺仰祈
聖鑒事竊廣東賭風最熾向有闈姓番攤白鴿票花會等名近年則花會白鴿票番攤經督撫臣明禁雖未能盡絕根株尚不至設局開場抽收經費如闈姓一事者查闈姓之賭起自機房小民漸而相率效尤行於省會經前撫臣郭嵩燾罰繳欵項以資津貼奸民因此藉端稟案抽繳經費巧立榜花名目每屆鄉會科期及科歲兩試之先設局投票每票限寫二十姓以中姓多少爲贏輸其投票之資則自一分一錢以至盈千累萬其投票之處則自省會以及各府州縣窮鄉僻壤其投票之人則自縉紳士夫以及農工商賈婦孺走卒莫不罄其所有各存倖心希圖一擲以致傾家破產歇業潛逃甚而服毒投繯賣妻鬻子凡此之類難以悉數尤可駭者每遇科年謠言四起或云某姓已通關節或云某姓已托人情科歲兩考揭曉後設計鑽營其姓字未發票內或經取錄則畀以多金甚使不行赴覆或導其瑕隙

激同大衆覈攻否則賂之故犯場規貫者以抑除被斥為樂者至武
闈鄉試並無糊名其監射等弊尤難縷指以
國家掄才之典為市儈賭博之資阻寒士登進之階啟官紳貪汙之漸
立必之險設局之奇有如此者伏思粵東素稱富庶自紅匪構亂以
來洪經兵燹曾肆蕭條民生凋耗該督撫臣留心民瘼各賭具已行
明禁獨闈姓未經裁革其始則借款為名繼則以抽收成例在該督
撫之意不過以當日餉項支絀藉資津貼耳豈知其為害之至於此
哉夫番攤花會白鴿票各賭具率皆市井無賴之尤稍知自愛者猶
不肯為若闈姓則公然設局明目張膽恃官長為護符師父兄何能
束其子弟傷風敗俗斲國蠹民莫甚於此且賭博之禁
朝廷顯有科條今則官為抽收更復成何政體就令有利無害臣愚猶
以為不可況為利無幾而貽害如此若不早為禁止恐科場因此而
滋事必至釀成巨案百姓由此而益窮必至流為寇盜其弊實有不
忍言者何以仰答我
皇上愛民取士孜孜求治之至意相應請

旨飭下廣東督撫臣將抽收闈姓賭欵迅行裁革出示嚴禁以肅政體而
杜弊端臣區區愚見是否有當伏乞
皇上聖鑒訓示謹
奏
同治十三年正月　十二日　卽日奉
上諭御史鄧承修奏請飭禁抽收闈姓賭欵一摺據稱廣東賭風甚熾每
屆鄉試及歲科試期開場設局竟有巧立闈姓名目抽收經費等語
賭博本干例禁況考試屆期尤應嚴行禁止若如該御史所奏藉端
抽收欵項殊屬不成事體著瑞麟張兆棟卽行裁革出示嚴禁以肅
政體而杜弊端欽此

○請勤修省疏

奏爲水旱數見請勤脩省以召天和謹竭愚忱仰祈
聖鑒事臣竊見去夏霖雨涉秋不止畿輔東南田廬多被漂沒老弱流離
捐瘠道路旣而歷冬無雪麥苗焦枯
聖心憂勞賑恤備至祈禱精虔至今未有消復之應臣聞天人一理感應

之機捷如影響故天之仁愛人君必出災異而告之人君敬謹天戒則修德政以回之昔虞有水患舜〔命〕洚水警予商世亢旱湯以六事自責歷觀古之帝王未有不遇災而懼念治〔以〕危恭維
列祖
列宗任賢納諫節用愛人二百餘年厚澤深仁淪肌浹髓雖四方多故而人心不搖我
兩宮皇太后因時事艱難兢兢業業委任親賢虛懷聽受措置得宜故能以次削平禍亂此皆憂勤所致非徒氣運適然也
皇上親政以來殲除醜虜邊陲肅清天下莫不延頸企足而望太平臣聞亂極思治或生亂惟聖智之君能審察於幾先而保持於未事昔唐元宗承貞觀之餘任姚崇之輔卽位之初敕出珠玉錦繡服玩於正殿前焚之故開元之治比於貞觀厥後恃其承平奢欲無度竭天下之財不足供一人之用海內虛耗忠言不聞馴致天寶之亂夫元宗英主也一念敬畏而成開元之治一念侈肆而致天寶之亂人君敬肆之心卽治亂安危之所繫不可以不察也

皇上宵旰焦勞勤求治理夫豈有幾微之失足以召禍致災在微臣私憂
過計以爲人事之修省不可不杜漸而防微伏望
皇上思
祖宗締造之艱難念今日中興之不易體
兩宮皇太后惓惓付託之心慰天下臣民欣欣望治之意以古爲鑒益加
修省且明飭內外臣工及有言責者極言時政得失即有關於
聖德者亦許直陳無隱毋得瑟縮畏葸自安緘默必於新政有裨庶災沴
可消天和可迓矣臣迂疏寡識縷縷愚忱冒瀆
天威不勝惶恐待罪之至謹
奏
同治十三年二月　初七　日奉
旨留中
請斥革賤役捐考以清流品疏
奏爲賤役冒籍瞞考請
旨斥革以清流品而重名器恭摺仰祈

聖鑒事竊同治十壹年十二月給事中盧士杰奏奉

上諭捐納州判李光煦即李天錫曾於河南商城縣著充富家丁輒敢以

通書吏朦入光州籍貫改名報捐並令其子捐納監生潛赴鄉試賤

役朦捐冒考亟應嚴行查辦李光煦著即行斥革交河南巡撫飭令

地方地官追出執照查明伊子捐監姓名一律追繳監照按律懲辦

等因欽此仰見我

皇上澄敘官方甄別流品之至意臣近聞知府銜花翎候選直隸州知州

黃天錫即前兩總督葉名琛之門丁黃翰齊又名黃壽田以賤役致

富朦混入番禺縣籍鑽弄衙門包攬詞訟復令其子黃章俊貪緣應

試倖列癸酉科優貢入京潛蹤投考物議沸騰士林不齒臣查賤役

冒籍朦考例禁綦嚴况優生為士林之望即為仕宦之階若不亟為

懲辦必致流品愈雜於士習人心大有關繫相應請

旨將優生黃章俊並其父黃天錫即行斥革並責令地方官嚴行管束毋

任招搖滋事臣為慎重名器起見是否有當伏乞

皇上聖鑒謹

奏

同治十三年六月　二十五日

同治十三年六月奉

上諭御史鄧　奏賤役冒籍捐考請旨斥革一摺候選直隸州知州黃天錫即黃翰齋又名黃壽田曾在兩廣總督署內充當門丁輒敢冒入番禺縣籍朦捐官職復令其子黃章俊朦混應試倖列優生賤役朦捐冒考亟應嚴行懲辦黃天錫及其子黃章俊均著即行斥革交兩廣總督廣東巡撫飭令地方官追繳執照按律懲辦該部知道欽此

特參知府招權納賄疏

奏為知府招權納賄庇惡營私請

旨革辦以儆官邪而肅吏治事竊維首府一職通省憲司州縣之樞紐蓋督撫兩司耳目所不周者全賴首府得人不得其人則官吏之黑白混淆民情之曲直倒置而上下之氣不申其究必釀成禍患而難於收拾如廣東廣州府知府馮端本小有才具居心貪詐前撫臣張兆

棟因其久任粵東情形頗悉凡事聽其指揮始則藉機會而取巧繼遂盜權柄而招搖謹就臣見聞最確者列款參劾

一該知府素日聲名平常自前任督臣英翰革職後該知府氣燄即已上騰監司自此凋事把持凡委署知府調動州縣佐雜皆招搖婪索致候補人員拜門拜把如蠅逐臭即如同通本與知府同班該府署竟有同通官屬稟謁者在此伺候儼然堂屬甚至知府亦有下此屬者施受晏然其稍知自愛者反遭屈抑有識爲之短氣

一新會縣屬白沙鄉有明儒陳獻章釣臺古蹟近年陳姓子孫微弱被趙姓毀作坟頭互相纏訟該知府強押陳姓生員抑勒結案聞趙姓在祠堂標粘支數有送該府銀二萬兩字樣闔縣輿論沸騰自督臣劉坤一到任以前賢遺址據案平反該知府陰爲把持令趙姓肆無忌憚以致官弁紳衿將督臣碑示竪立時俱爲趙姓毆辱該知府竟不查拿究辦反以恐激成事變挾制上司其陽奉陰違戀職鬻獄大率如此

一廣東自前任撫臣蔣益澧設立安良局延集紳士弭盜其初未始

不遂艮意美也闢局紳前任江西安福縣知縣陳璞藉詩結納該知府引為心腹諸紳因其聲名惡劣慴為所污以次辭退該知府遂獨任陳璞一氣交通府案仰局局職入府大小詞訟顛倒是非粵省遂有沈艮訴艮之語而切殺人命之案亦層見而迭出矣

一南海縣棍徒馮恕陳璞收為門生光緒二年誣指縣民梁亞爵為盜紳士數十人公保均為陳璞所持經知縣杜鳳治批釋時有質之古翁以為何如之語緣古翁即是陳璞該縣以戲謔之詞形諸判語已屬謬妄而該紳之向日把持亦可概見矣此局紳陳璞倚恃該知府舞弊之見於公牘明文者也

一南海縣屬紳民疊控光棍馮恕眾証確鑿皆為陳璞所抑經臬司會同探飭縣諭拿招告該知府恐別衙門訊出實情急將全案設法提府及督臣批詰始有奏縣批提之稟其實府提在先撫批在後迨提府後又延不研訊復揑為紳士呈保清摺袒護尚恕則竟無其人顯係府局代為呈遞此又該知府扶同陳璞舞弊之屢見於公牘明文者也

一番禺縣暹岡鄉積匪孔亞銀經紳耆孔廣仁等稟縣獲案該知府
與冋璞誦同一氣串卅老年舉人周德棠結保批縣釋放以致該匪
即糾黨直劫孔廣仁家連殺十命現距未弋獲兇犯亦不追問原保
之舉人惟追繳孔姓花紅銀四千五百兩入安良局使匪黨逍遙事
外
一年來奉
旨飭查之案該府俱一手握定任意顛倒枉縱自如或擱沈閣其尤可駭
者佛山清河一案係案關紳士侵吞捐欵擾害商民嗣聞
特旨嚴查無不以得見天日為幸詎督撫臣飭該府提訊時該府並不開
堂傳質輒於廳事會晤私談聞該府幕劉十峰即劉元道與梁應現
之子梁保泰拜為師生故得賄賂交通以致人言藉藉其將梁如何
申覆臣亦未敢懸揣但以奉
旨查辦之件竟敢延擱三年該府之把持玩愒不問而知且該府素日常
對人言雖有
欽案還是我們辦理其目無法紀一至於此

一該知府赤貧起家陡至巨富年來京師宅子鋪店出售多半係其
買受數年之間租錢遍地近在
輦轂無人不知聞其寄頓銀票京城涿州河南廣東處處皆有試問知
府廉俸所入幾何推究從來豈得以昏夜之行彌縫之術遂可爲該
知府解免乎
一該知府於光緒四年夏間接到家信防有丁憂之耗預圖取巧向
督撫臣稟請終養設爲他日坐補原缺地步經督臣批准又設法向
撫臣批留爲瑕時才至開缺地步一去一留之間兩處爲難而該知
府已便其私智查該知府到任以來怨謗沸騰何嘗爲廣東不可少
之員不令終養其營私取巧以親爲利至於如此
以上各欵臣僅就見聞所及言之伏思廣東近年吏治之壞爲從來
所未有吏治一日不整頓則廣東一日不得安然非查辦該知府則
大吏之耳目易淆州縣之護符愈固是吏治終無整頓之日臣籍隸
廣東職司糾察不敢壅於
上聞理合恭摺據實纖陳是否有裨伏乞

皇太后
皇上聖鑒謹
奏
光緒五年　五月　初六日
光緒六年二月初三日欽奉
上諭前因御史鄧　奏廣東廣州府馮端本招權納賄庇惡營私各節當經諭令劉坤一裕寬確查具奏茲據奏稱所參該府強押陳姓生員抑勒結案趙姓致送該府銀兩該府袒護棍徒馮恕扶同局紳陳璞舞弊又串同周德芬結保積匪孔亞銀該匪糾殺孔廣仁家七命亦不追問惟追繳孔姓花紅銀兩及稟請終養謀爲他日坐補原缺地步各節除查無實據外所有該府承審佛山清河一案任令遊報遲延且未傳訊原告如馮恕一犯遲久始據具稟仍不照例擬辦該府署雖未設有同通官廳而同通屢署州縣至官廳守候傳見該府亦聽其所爲殊屬不合局紳前任江西安福縣知縣陳璞於馮恕誣指梁亞爵爲盜未能確切訪查輒即呈請查辦殊屬偏徇馮端本陳璞

均著交部分別議處欽此

論使臣被議有關政體疏

奏爲使臣被劾嚴議有關政體敬陳管見仰祈

聖鑒事竊臣閱邸抄伏讀

上諭閻敬銘奏奉使大臣過境擾累據實直陳一摺大員奉

命出差經過地方豈容縱毫擾累乃恩承等并不約束家丁致有需索情事毫無覺察咎實難辭恩承童華均著交部嚴加議處欽此仰見

朝廷馭吏恤民之至意該臣等未能仰體

宸懷有負倚畀誠如

聖訓咎實難辭臣亦何庸妄瀆但以

祖宗立法內外相維故督撫則畀以重權其或有懷奸挾詐荼毒百姓欺

罔

朝廷一經舉發必遣使查辦所以伸不測之威而防畸重之勢責至重而法至密也近來奉

命查辦事件有關督撫者率皆敷衍了事豈人言盡虛而督撫皆無可議

哉良由瞻徇情面積習已深臣伏見恩承等查辦東鄉數年之巨案
百姓之奇寃一旦平反雖於
國家新政百裨而於奸人歛怨必多今言者不察乃以小民一紙之呈
訴撫以入告
朝廷未加詰問便蒙罪責彈疆臣如撼山參廷臣如拉朽臣恐自此以
後使臣習爲畏阻遇事互相徇隱疆吏知其易動妄生揣測輕量
朝廷長其驕蹇恣肆之心必馴至內輕外重之勢臣之區區實在於此
伏乞嗣後差遣使臣必須察其廉介自持威望素著者然後畀以重
任總以查事得實爲稱職其間未能檢束致被彈劾者亦須俟其覆
命之日始行究詰不必令其權折於查辦之地以快奸邪庶
國體愈尊而紀綱可肅矣臣備位諫列職在箴補凡政體攸繫須合力
陳是否有裨伏乞
皇太后
皇上聖鑒謹
奏

光緒五年　六月　初十日　即日奉

上諭御史鄧承脩奏恩承寺被劾嚴議有關政體敬陳管見一摺朝廷賞罰總期功過分明豈有中外之別使臣既有應得之咎何能曲爲寬宥該御史奏稱須俟覆命之日始行究劾亦非政體所奏着無庸議

糾學臣貪婪驕蹇疏

奏爲廣東學臣驕蹇貪婪聲名狼籍謹據實具陳仰祈

聖鑒事竊廣東學臣吳寶恕自履任以來聲名甚劣吸食洋烟日與幕友聚賭全不以考試爲事即如考試臣籍番禺縣爲士子三千餘人日暮完場詰朝出榜該學臣一日十行亦不能如是之速草率如此他處可知至索取棚規供應倍於前任大資關節賄賂公行其最確者如賄賣順德縣文童高步瀛指名第三榜出衆論沸騰其餘賄賣者尚多臣因無確據未使一一具陳又喜怒任情考試鶴山一縣革廩生十餘人後每人索取洋銀三百元始行開復考試嘉應州爲革廩生數人該革生等查知學臣之父吳斯樹曾仕嘉應州官因請入祀名宦祠以爲獻媚學臣是日即以吾闈之喜而不察命題准該

該生關復又前經被劾之嘉應州李敦厚考試四縣案首盡行賄買文理荒謬該學臣輒飭提調官將案首勒罰多金爲吳斯澍祀典之費强令諸生偕同致祭至鄉試錄科之弊尤難指數或係官紳賄託或係幕役賣緣明目張膽幾如市儈之交易粵東士人談及者輒爲切齒臣惟廣東歷任學臣弊絶風清者固少然如該學臣吳寶恕之驕蹇婪貪聲名狼籍者亦爲近來所未有臣在籍時確有所聞都中亦人言籍籍現該學臣任滿行將交代而臣追言之者廣東試士弊竇最多學臣無狀視他省尤易欲乞

朝廷愼簡有品有學之員以資整頓士爲四民之首學爲風化之先不獨士林之幸實亦地方之幸矣臣不敢顧避嫌怨謹據實糸劾伏乞

皇太后

皇上聖鑒謹

奏

光緒五年　七月　二十九日

請飭禁官吏收受賭規片

再粵省盜風之熾實原於賭饑寒則迫爲寇盜耳所賴地方官潔己率屬認眞飭禁乃官不惟不禁又從而利之臣查廣州府署內及南海縣署內外前後開設賭場數十處按月繳費名曰陋規近又以得規之顯爲例禁也易其名曰揭封春秋二季查封賭館贓多者即揭其封賭館之大小以爲多寡或數百金或千金不等謂之平天雨自縣府臬司以至官親幕友長隨差役無不分肥故州縣未能懲一不能查賭之差役監司亦未嘗參一不能禁賭之州縣即如本年二月閒已故臬司金國琛家人收因陋規滋事致臬司親到南海縣署前緝拿該匪驟開洋鎗拒捕幾爲轟傷後知是臬司親來始行散去猖獗至此粵民以爲必大加懲創乃事後未聞劾一吏參一官此其明證也近如督臣亦劾在籍主事呂元勳開賭似乎認眞而粵人不知畏者謂呂元勳乃一瞽目廢疾之人不能出入衙署交通吏役又自恃爲廢疾不繳規費故被舉發耳應請

旨嚴飭該省督撫大吏破除積習認眞飭禁若有如前收受陋規不能禁賭之官嚴行參劾按律懲辦庶賭風絕而盜風亦當少息矣謹附片

陳明伏乞
聖鑒謹
奏
光緒六年　五月　十一日奉
上諭前據御史鄧　奏參廣東學政吳寶恕考試草率各節當經諭令劉
坤一裕寬確查具奏茲據裕寬奏稱查明該學政被參考試草率倍
索供應棚規及關節賄賂勒罰銀兩等款或無其事或係傳聞之誤
均無庸議惟於嘉應州民間私建祠宇供設已故地方官牌位興甯
縣案首范彬等捐銀修理該學政既知其父吳斯澍牌位添祀祠內
不行阻止輒復前往行禮殊屬不合吳寶恕著交部議處前署嘉應
州知州候補知府嚴家鳴奉查事件并不明白稟覆雖非有心隱飾
究屬疏忽著一併交部議處欽此
又五月二十一日奉
上諭吏部奏遵議學政等處分一摺翰林院侍讀學士前廣東學政吳寶
恕著照部議降三級調用候補知府前署嘉應州知州嚴家鳴著降

一級留任均不准其抵銷欽此

會議另摺具陳俄事疏

光緒五年十一月二十一日奉

上諭都察院左都御史崇厚奉命出使不候諭旨擅自起程回京著先行交部嚴加議處開缺聽候部議其所議條約章程及總理各國事務衙門歷次所奏各摺件著大學士六部九卿翰詹科道妥議具奏欽此

光緒五年十二月初五日奉

上諭翰林院代奏修撰王仁堪等及庶吉士盛昱所奏各一摺並詹事府代奏洗馬張之洞所奏一摺均著交此次會議事件之大學士等一併妥議具奏欽此

奏爲遵

旨會議事件另摺具陳仰祈

聖鑒事臣伏見

國家以俄人久踞伊犂故遣使如俄修好議地使臣崇厚怯懦專擅

不顧國事盡允俄人之求
朝廷已抵其罪復下其議以博采羣謀數日以來凡係愛君謀國之人莫不竭忠罄慮惟恐
廷議之失策貽日後之隱憂臣備位言責不曉時機竊見使臣崇厚前後所陳及所允條約皆是俄人叵測之謀事理顯然其他姑不具論即如
朝廷之所欲得者伊犂也今其議曰俄人在伊犂置有產業者令其自行管業其華人願入俄籍者當以俄人相待則伊犂之人民非我有也又割去伊犂之西南三百餘里及陬爾果斯河西伊犂山南之帖克斯河盡以屬俄以斷吾通南八城之路使伊犂形隔勢阻孤懸於俄人掌握之中則伊犂之土地亦非我有也中國長於陸戰而短於水戰今沿海數省敵人之戰艦馬頭林立然尚未敢深入窺吾之虛實吾得據而南向以為進戰退守之謀者賴有秦隴諸扼塞耳今若西北緣邊內外諸城俱允其立領事西安秦隴東西要隘之路俱允其立稅棧攜兵器出入不獨據我利權又得以窺吾道里山川之險

塞屯積器械勾結奸民一旦有變使吾腹背受敵進退失據其害可
恐數哉使
國家得一伊犁而易數害臣愚猶以爲不可況并伊犁亦必不可得乎
我有百害而無一利俄有百利而無一害博退地之虛名受無窮之
實禍雖在至愚猶知其不可況崇厚歷任內外宜悉敵情縱不能力
爭亦當聽候
朝旨乃怯懦專擅幾誤大局其怯懦可恕其專擅不可恕揆以輿論之公
朝廷之法崇厚之罪其可逭乎今總理衙門不敢奏罷其條約者其故
有三以爲俄人素輕中國凡條約之所未允者尚肆邀求今以已成
之局燭其奸謀一旦罷去俄或責吾以背信食言遽開邊釁一也使
俄不責吾而地不可得地不可得則事難中止將欲戰而取之耶則
素無儲積邊少良將顧此失彼一處震潰處處堪虞事大責重莫肯
肩任二也將棄而不取耶則
祖宗尺地不可與人且俄之處心積慮欲窺吾者久矣今以一言而得吾
要隘撤吾藩籬而吾不敢過而問焉彼有以知吾之情怯勢禁必將

爲得寸入尺之圖三也臣竊外揣敵情內審國勢以爲兵不必遠動
地不必遽棄
朝廷別遣一使或致書言前者使臣專擅不候
朝旨非肯失信於鄰邦緣中國臣民之所不欲
朝廷不忍重拂輿情故遣使重訂條約以伸兩國之好俄若允吾所議
而返吾地固所願也若其不允即作罷論在我不過權其利害在彼
亦未損絲毫以臣料之俄果無棄好之心必不於使臣會商之際堅
執前議輕開邊釁如其否也雖無前議之失能保其不別生事變乎
爲今之計可擇其條約中如兵費卹款無大害者稍許之以厭其心
遣使往返以緩其事使吾得從容爲之備
密諭疆臣練兵選將簡閱士馬分屯要害爲戰守之具仍
飭令不得輕舉騷動蓄力養銳以觀其變然此不過目前之措置至於
修內攘外社稷長久之計則非臣之愚所敢知也臣觀自古制敵防
邊之策雖强弱異勢戰守不同實亦不過自强自治耳蓋得人則强
失人則弱事事務實則治事事粉飾則亂

朝廷若不苟目前之事慮無涯之憂斷自
聖明決定大計則必擇內外大臣忠亮鯁直通達時務不避艱險者日夜講求於上黜去左右徇祿之臣苟且模棱之習罷去一切文移來往之拘牽起舊臣宿將而擇其忠勇樸誠器識堅定者置之邊隅要隘今中外臣工各抒所見以覘其素所蓄積各舉所知以備采擇如此則天下之人知
朝廷有饑渴之心必有智能奇特之士出而副
朝廷之望者然後獎直言之士以肅紀綱誅貪酷之吏以固民心杜請託之門以清仕路汰冗兵裁冗員省無益之費以裕邊儲數年之後百廢具舉使外人聞知中國用某人行某政則奸猾之謀有所懾而不敢發昔宋司馬光作相而遼人相誡唐李德裕籌邊而藩鎮懾服孔子曰能治其國家誰敢侮之所謂不戰而屈人之兵者此也若其虎狼之性必不可馴自敗盟約而我臣
主一心羣策畢舉智者盡其謀愚者竭其慮勇者效其節怯夫勉其死以彼驕氣當吾憤兵則破之易耳軍誠曰萬人必死橫行天下而況中

國之大擁數百萬之衆安見其不雪前恥而收後效哉今東三省兵備寡弱蒙藩恃吾聲援未能自立苟遠悉吾精銳盡力於西以博一戰毋論不能必勝則一舉而得伊犁而俄或斂兵據險數出師而擾吾多方而疲吾吾不能深入以拜俄而怨日深吾不能不繇邊而備俄而禍日結兵疲於外民困於內餉竭於外變生於內秦之敝也悉兵以備胡而勝廣之變生明之困也竭力以防邊而闖賊之亂作故曰兵凶戰危又曰兵無定形此則勝之未可必者若夫以鄰好爲足恃和局爲可保苟延旦夕以冀一日之無事有事則相顧錯愕不曰棄地則曰徐圖曰我將以自强也將以補救也然自外人構釁以來二十餘年矣

國家歲竭數百萬帑項以設局制器效法西人以爲緩急足恃今俄人一言而我膽懾氣沮所謂自强者何所謂補救者何上下相蒙日復一日方今海內肅清器械雖未精利大小將校曾經戰陣者尚不乏人

朝廷若不以此時決定大計十年之後名臣宿將無復存者人不知兵

日朘月削一旦有變則天下之事社稷之重有不堪言者矣臣以一
介迂愚備員諫列輒見
朝廷焦勞邊事博咨衆言謹竭愚忱庶裨萬一臣不勝激切屏營之至
伏乞
皇太后
皇上聖鑒訓示謹
奏
光緒五年　十二月　初十日
即日欽奉
慈安端裕康慶昭和莊敬皇太后
慈禧端佑康頤昭豫莊誠皇太后懿旨前有旨將崇厚所議條約章程及
總理各國事務衙門迭次所奏各摺片並修撰王仁堪等庶吉盛昱洗
馬張之洞所奏各摺交大學士六部九卿翰詹科道妥議具奏茲據
大學士等遵議覆奏並侍郎長叙等說帖三件又尚書萬青藜侍郎
錢寶廉司業周德潤等少詹事寶廷中允張楷給事中郭從矩等余

上華吳鎮胡聘之等御史孔憲瑴黃元善田翰墀等鄧承脩都察院代遞員外郎張華奎等所奏各摺片又前據贊善高萬鵬御史鄧慶麟侍讀烏拉布王先謙編修于蔭霖御史葉蔭昉先後陳奏各摺著一併交親郡王御前大臣總理各國事務衙門王大臣大學士六部都察院堂官再行詳細妥議具奏醇親王亦著一併會議具奏欽此

光緒六年正月初六日欽奉

慈安端裕康慶昭和莊敬皇太后

慈禧端佑康頤昭豫莊誠皇太后懿旨前有旨將大學士六部九卿翰詹科道所奏遵議崇厚所議條約章程等件並迭據大小臣工陳奏各摺片一併交親郡王御前大臣軍機大臣總理各國事務衙門王大臣大學士六部九卿都察院堂官再行詳細妥議并令醇親王一併會議玆據王大臣等會議具奏醇親王另摺奏意見相同此次崇厚奉命出使所議條約章程等件有違訓越權之處並據京外小臣工陳奏均稱事多窒礙著派一等毅勇侯大理寺少卿曾紀澤前往將應辦事件再行商辦以期妥善而重邦交欽此

劾廷臣濫保疏

奏爲錄用人才宜防濫保恭摺具陳仰祈

聖鑒事臣伏見前已革雲貴總督張凱嵩由知縣擢膺疆寄其時滇氛未
靖

朝廷復畀以兼圻之任

恩可謂厚矣寄可謂重矣乃該革員不思報效畏怯逗留輒敢乞病而去

朝廷僅予斥革已屬法外之仁今臣伏讀三月邸抄奉

上諭張凱嵩着俟到京後交吏部帶領引見等因欽此聞命以來旬日之
間人言嘖嘖咸以該革員辜

恩孑咎忽蒙甄錄意廷臣中必有妄加薦剡者豈天下之大賢才之衆
曾無一人一士如該革員之足堪驅使耶抑該革員之怯懦無能不
可以當曩時一隅之小醜而顧可以捍今日邊陲之巨患耶或謂棄
瑕錄用

朝廷自有權衡夫所謂棄瑕錄用者謂其才力之尚可用耳今乃以畏
葸避之人而欲責其效於年力衰庸之日臣有以知其不不能也且

該革員前後一人耳乃前則持節而觀今則聞
命而遠行又何其怯於見敵之時而勇於無事之日也方今時事多艱需才孔亟爲大臣者皆當洗心竭慮推賢舉德汲引奇尤仰副
朝廷飢渴之心以收旦夕指臂之效若皆以官爵俾其私人充數濫竽則
國家將何所賴應請
宸斷毋庸錄用張凱嵩以杜取巧併
飭將原保之員照例議處以爲營私濫保不顧
國家者戒庶臣工罔敢濫冒而真才亦可以奮興矣臣愚昧之見是否有當伏乞
皇太后
皇上聖鑒訓示謹
奏

光緒六年四月　二十八日　即日奉
上諭御史鄧承脩奏已革雲貴總督張凱嵩辜恩負咎忽蒙甄錄廷臣中

必有妄加薦剡者請毋庸錄用以杜取巧將原保之員照例議處等
語據侍郎兆鏞將張凱嵩保薦當以該革員曾膺疆寄雖經獲咎於
前尚可棄瑕錄用是以諭令來京交吏部帶領引見察其才具是否
可用再降諭旨此中自有權衡張凱嵩到京仍著吏部帶領引見該
御史所請將原保之員照例議處著毋庸議嗣後中外大小臣工仍
當秉公薦引舉所知毋得徇私濫保用副朝廷延攬人才至意欽此

論浙撫清查荒熟辦理失宜疏

奏為浙省清查荒熟辦理失宜恐釀成事變謹據實瀝陳仰祈
聖鑒事竊田賦軍國重務侵匿則虧國抑勒則病民未有不清查履勘而
可妄為增減者東南自迭經兵燹剔荒徵熟十餘年來田賦雖漸增
加尚難復額其中吏吞民匿實所不免伏讀
光緒六年正月二十六日
上諭如該部所稱各屬墾荒果能認真查辦行之數年何嘗不可漸復舊
額等因欽此各省大吏自當恪遵
諭旨明白剖示核實清釐使百姓曉然於熟田之理應納賦荒田不至賠

糧自無異議臣風聞浙江撫臣譚鍾麟此次辦理荒熟田畝實有過於操切者其須發告示有云倘再陽奉陰違推諉延宕則是自外生成法所不貸無論紳衿糧戶立即查提解省分別懲辦並將所短之數歸於現報成熟田地項下按畝攤賠以足歲額之語自有此諭屬員遂望風承旨專事抑勒錢塘縣攤荒合熟即以撫憲之諭為辭迨百姓入城環訴至欲另繳農器該撫臣始不得已將庫書正法以釋衆怒又委查勘嘉興府屬之道員王蔭槐到縣後即聲言奉撫憲面諭不准下鄉查勘惟日坐官寓嚴訊庄書逼勒具結多認分數百姓初聞撫憲攤荒作熟之諭已覺驚疑又見委員到縣並不履勘荒熟情形羣情惶惑携帶婦孺紛紛入城跪求履勘該員又不明白曉諭反令隨員跟役執持鳥鎗刀械威嚇致激衆怒登時將委員擁出在百姓情急呼號事起倉猝而委員之理辦乖謬咎實難辭乃事後委員則未聞參處惟聞省札嚴催嘉興滋事之人差役四出查拿勢同瓜蔓南鄉十數鄉村望風逃避而王蔭槐不知愧恥向屢次稟催冀爲洩忿現聞撫臣已將該員逼勒認熟之結蓋印發縣照冊徵糧

此外各屬概不查勘但令多加分數以求足額官吏冀免獲咎計無所施勢不至勸荒爲熟不止伏思清查云者必待查而後能清未有不查而能清者偏查即可立見至以荒糧攤入熟田

朝廷從無此政體該撫臣大張曉諭開屬下以掊克之端以至嘉湖枯州之案皆由此而起操切如此豈

朝廷裕課恤民之意哉夫查荒必須履勘該撫豈有不知意謂百姓復業已久眞荒者少捏荒者多故作此辦法以期速效耳不知百分之熟一分之荒查之而豁然徵熟民亦無辭不查而攤荒入熟名亦不正臣觀民情危迫如此眞荒當亦不少封疆大吏苟能率屬認眞招徠勸課誠如

聖諭行之數年何嘗不可漸復舊額何必苟且操切行此大拂民情之政即竊恐愚氓畏累情切進無所控訴退則累及身家怨憤一興何所不至應請

旨飭下該撫臣譚鍾麟於所屬荒熟田畝務須恪遵

諭旨妥定章程另委賢員詳細清查核實辦理不得意存抑勒致釀事端

委員王蔭槐辦理乖謬請
飭下該撫臣查明予以參處以爲捐克滋事之戒庶國課不虧而民生永
賴矣臣忝列言職旣有所聞不敢不據實瀝陳是否有當伏乞
皇太后
皇上聖鑒施行謹
奏
光緒六年　七月　初四日

卷二

請調輔臣入贊樞務疏

奏爲時局艱危請
飭調輔臣入贊樞密以固人心恭摺仰祈
聖鑒事臣竊見俄人訂約以來在朝之臣因循遲慢屢失事機及遇邊奏急來則中外震駭舉動倉惶絶無處置夫虜性貪狠畏强侮弱難示以怯今約未成而遽釋崇厚是示之怯也使敵人窺我怯懦不可以禮意交惟可以勢力脅則將來條約愈多反覆邀求必倍於往時臣不知
朝廷此時將欲許之耶抑拒之耶將欲許之則償兵費割要隘所謂割地賂秦猶抱薪救火也且敵人亦惟利是視耳一國得利則各國環視而起必將伺隙別有要求將欲拒之耶則虜使在廷寇兵壓境不知諸臣果有奇謀勝算以倍之否苟無謀以應之則是豈可不爲寒心哉竊惟
國家備邊防海二十餘年任用諸臣不可謂不專靡餉不可謂不多一

且稍有齟齬不能運一籌發一策舉數萬里之地受制於人有刑賞之柄而不敢用有義憤之氣而不得伸豈天下事果不可爲哉良由所急者非其用所任者非其人在朝無決勝之人輔臣無素定之策也譬如拙於弈者終日苦心勞思而不免於覆敗及善者爲之一指顧間可轉敗而爲勝今之謀國弈之拙者也雖欲不敗得乎臣伏讀

十四日

上諭前因時事艱難迭經諭令軍機大臣隨時匡弼力戒因循等因欽此是該臣等泄泄沓沓未能匡弼已在

聖明洞鑒之中卽當爲改絃易轍之計豈可坐聽貽誤再失事機臣竊觀今之大臣志慮忠純曉暢戎機善謀能斷者無如督臣左宗棠

朝廷必欲拯今日之急安

宗廟社稷莫若令左宗棠入輔而委以軍國之大柄使之內修政事外總兵權黜貪庸明賞罰修戰守通下情使朝野上下有所恃而不恐民心已固則邦本不搖帷幄有人則羣帥用命然後可戰可和操之自我臣日夜思維當今之要無踰於此或謂左宗棠經營西事

朝廷倚若長城令一旦調回得無有西顧之憂乎不知左宗棠之統西
師亦未身親戎馬不過居中調度而已今若令其入贊樞密其調度
猶是也且一隅之任何如天下封疆之重曷若樞垣固不待智者而
决矣况劉錦棠金順張曜諸臣皆已久歷邊陲百戰之餘左宗棠共
事日久豈無眞知灼見應請
飭令其保擇素有威望足勝將帥之任者卽行接統俾得迅速來都早資
倚畀此乃
國家安危所繫臣不敢避妄瀆之誅冒昧狂言伏望
皇太后
皇上决擇施行則天下幸甚謹
奏
光緒六年　七月　十六日

陳濬湖田以資保衞疏

奏爲占築湖田郡城失險請
飭嚴禁開墾設法疏濬以資保衞恭摺仰祈

聖鑒事臣竊見粵省惠州所轄直南濱海密邇虎門碣石上毗潮嘉下連
廣屬府治距省三百餘里建瓴直下爲東路之屏蔽實省會之咽喉
唐宋至今號稱險塞其城三面阻水東北臨江西南附郭一帶瀦滙
爲湖迴環拱抱無平原曠野故敵騎不得縱人力無所施臣查順治
三年逆首陳耀寇惠圍攻逾旬後遂鋤毀湖隄欲涸積水爲戰場曠
日持久援兵四集旋即蕩平咸豐四年翟逆攻城亦欲決隄涸水而
水深泥梗不得逞遂折而北竄江西其不敢順流而下直竄省垣者
以郡城扼其腹心賊有狼顧之憂也是則全湖之襟要不獨爲惠城
之保障亦粵省之安危所繫也乾嘉以來稍廢不治奸民藉湖邊零
星地畝承批水利供納寺觀香燈遂擅占築田畝日增月益連成阡
陌滿目平疇以致全湖積淤水僅盈尺草芭悉見每至秋間奸民又
將隄基鑿挖洩水耕及湖底查向來各省江湖水濱藉淤占築均有
明禁即如乾隆二十八年署湖廣總督陳宏謀以洞庭湖濱居民多
築圍墾田與水爭地疏請刨毀並多掘水口使私圍盡成廢壞奉
上諭陳宏謀於此事不爲姁嫗小惠殊得封疆之體欽此夫以洞庭橫亘

八百里尙不許居民墾種況惠州全湖狹小較洞庭百不及一又爲險塞所關豈可任令墳築奈地方官罔知顧慮直不思城池二字係其職掌雖屢經闔屬紳士呈請嚴禁而刁生棍徒占築如故臣恐一二十年後全湖堙塞盡變爲田不獨城郡失險即粵省亦壞其東藩

應請

旨飭下督撫臣遴員會同該屬文武官紳檢查嘉慶以前府誌按圖清勘其業經築田令將田契繳驗如係在嘉慶以前有契可據者按畝丈量其餘或借寺觀租糧占築後承糧在嘉慶年以後者爲數無幾即檄縣通詳豁免田契分別注銷並懇

飭下督撫臣設法籌費將全湖疏濬以復舊址嗣後如有奸徒抗違占築者飭令該地方文武官認眞嚴究庶郡城不致失險而永遠得資鞏固臣爲保衛地方起見是否有當伏乞

皇太后

皇上聖鑒謹

奏

光緒六年　九月　初十日

特參大臣婚嫁違制疏

奏為特參大臣婚嫁違

制請從嚴治罪以肅法紀事竊惟本月十三日為

聖祖仁皇帝忌辰

朝廷素服薄海同遵風聞戶部右侍郎叙長以是日嫁其第二女與署山西巡撫布政使葆亨之子為婚公然發帖賓客滿門鼓樂喧闐伏查功令遇

國忌之日雖在山陬海澨停止鼓樂奚論婚娶今長叙葆亨俱以二品大員世受

國恩內躋卿貳外任封疆而藐法妄為一至於此使其知而故為則罪不容誅使其不知而為之則如此昏聵糊塗豈尚能靦然人面臨民治事乎查長叙為前任陝甘總督裕泰之子現任廣州將軍長善之弟累代高官連婚

帝室葆亨仰蒙

特簡累任撫藩而公犯不韙哆然無忌此而可忍孰不可忍臣目睹之爲
治賴有紀綱紀綱不張何以爲國長叙葆亨等姻親僚友各膺顯官
而視爲固然無有一人知其干犯爲之救正者昧
君父之大義忘
覆幬之深恩情迹雖殊恣欺則一夫以
聖祖之深仁厚澤百世不忘乃於創巨痛深之辰
皇上方降服弛懸
宮廷祇肅而近在
輦轂之下貴戚之家伐鼓撞鐘肆筵肅客公卿百辟稱賀爭先此實中
外所駭聞縉紳所未有若非明正紀綱從嚴治罪凌夷胡底法制何
存履霜堅冰可爲深戒臣職司彈劾既有所聞不敢不據實上陳伏
乞
皇太后
皇上聖鑒謹
奏

光緒六年　十一月　二十七日

光緒六年　十一月　二十七日

上諭御史鄧　奏特參大臣婚嫁違制一摺本月十三日係屬忌辰戶部右侍郎長叙之女於是日出嫁護理山西巡撫布政使葆亨之子實屬有干功令長叙葆亨均着交部嚴加議處欽此

光緒六年十二月初四日奉

上諭吏部奏遵議大員處分一摺戶部右侍郎長叙山西布政使葆亨均着照部議即行革職欽此

劾督臣徇私瀆請疏

奏為大吏徇私瀆請請

旨仍將邺典撤銷以釋羣言而杜欺罔事臣伏讀正月二十八日

上諭前因李鴻章奏總兵周有全夙著戰功積勞病故請旨優邺當經降旨照軍營立功後積勞病故例議邺並將事跡宣付史館准在立功省分建立專祠所請應否予謚未經允准茲據翰林院侍講張楷奏稱該故員濫膺異數請旨撤銷等語周有全從前尚有戰功業經加

恩賜卹該侍講所請撤銷之處着毋庸議惟飾終令典原以彰恩靈
而示衆茲嗣後各該督撫遇有請卹人員必須核其功績卓著克孚
衆論者方准奏懇恩施以昭慎重不得率行瀆請欽此仰見
聖明洞鑒已燭其欺而示之儆特重違大臣之請又業經允准不使收回
成命耳不知聖人貴無我之明大舜有從人之美小則改止大則罷
免書之史册並爲美談臣是以區區不已罄竭愚忱冒瀆 ●
宸聰竊以予諡立傳建祠三者之設所以待殊勳媺碩德人臣不易副
朝廷不妄施肇興以來奏請頗多冒濫然亦不過鑽營顯仕洊擢高官
而已從未有敢以崇德報功之曠典而辱及貢諛獻媚之私人者李
於所請已故總兵周有全者也查周有全本長隨賤從始由從九而
陞任臨司撫臣嚴樹森劾之於前繼以巡臨濫殺無辜科臣王立清
劾之於後屢登白簡不齒清流鄂省之人怨入骨髓今乃爲之立傳
建祠傳中作何等語愚民未必周知惟煌煌新祠往來指摘不與
朝廷褒德勸功之意大相剌謬耶邇來冒軍賞者多矣然可以欺
朝廷不可以欺大吏可以欺大吏而不以可欺士民故如省建祠多出

紳民之請誠以感恩報德人有同情該侍講籍隸湖北自非迫於公
憤何敢於已咸之
綸命變亂黑白妄肆譏彈臣以爲周有公無間關百戰功非僥倖九德士
徒以駢儷之才柔佞之性巧事上官祇圖富貴於生前知竹帛馨香
爲何物即如該督所稱鄺清江面殺賊多名此等虛勞盈千累萬洊
至粵閩已邀酬償何必更乞
特恩致乖清議夫
朝廷所特以鼓舞天下者惟此賞功罰罪事事核實耳但未經舉發
朝廷或可諉爲不知不可以知而不問今督臣所請者如彼該侍講所
劾者如此若不嚴加詰責則疆吏無所忌憚
諭旨亦屬靡支非所以明賞罰而厲風紀也應請
宸斷飭部仍將已故總兵周有全建祠立傳之
旨撤銷以息羣言以杜欺罔至李瀚章身任兼圻背公啟濫階
朝廷以便過舉便一己之私圖應如何嚴飭
聖裁自有權衡非微臣所敢議矣是否有當伏乞

皇太后

皇上聖鑒訓示謹

奏

光緒七年二月初十日

上諭前據翰林院侍講張楷奏總兵周有全濫膺異數請將立傳建祠撤銷當以李瀚章原奏聲叙周有全歷著戰功降旨毋庸撤銷玆復據御史鄧　奏周有全屢被參劾並無戰功竹帛馨香未可濫膺仍請撤銷等語朝廷褒功予邺一秉大公周有全旣迭經被人指摘不洽輿情所有將事跡宣付國史館及建立專祠之處着卽撤銷該總兵身歷戎行亦尚著有勞績着照軍營立功後積勞病故例議邺李瀚章所請過優亦有不合著交部議處欽此

劾坊官揑稟朦保疏

奏為特參揑稟朦保之坊官請

旨交部嚴加議處並請

飭部將保案撤銷以杜取巧恭摺仰祈

聖鑒事竊臣等前據都察院札交搶刼西恆典鋪首犯楊二在逃一案奉
旨着五城一體嚴拿經臣城前任指揮劉景韶揀發副指揮俞霖會同哨
官賈振芳千總劉慶春緝獲詳解經臣等奏請歸部訊辦嗣據刑部
審明將該犯楊二依律擬斬梟示奏結並將拿獲此案員弁遵
旨聲明應由該衙門自行保奬等因知照到城臣等以拿獲楊二雖係首
犯與部章獲盜三名方准奬叙之例不符是以未敢遽行瀆請嗣見
邸抄御史文敬等奏遵保獲盜出力之司坊懇將奬叙摺內有據該
吏目等轉據勇局詳報逸犯楊二已會同續獲送部等語臣等查東
城拿獲首犯楊二係劉景韶等四員曾經聲請在案並無該城會同
出力之員該吏目張士傳等輒敢以勇局會同捏稟含混其詞瞭保
至九員之多希圖邀准實屬膽大爲妄除臣等將拿獲首犯楊二職
名移咨吏部查核外相應請
旨將南城吏目候選正指揮張士傳交部嚴加議處並請飭將此案查明
撤銷以爲捏飾冒濫居心巧詐者戒謹繕摺具陳伏乞
皇太后

皇上聖鑒謹

奏

光緒七年五月十二日奉

上諭巡視東城御史鄧　奏特參捏稟賺保之坊官請嚴加議處並將保案撤銷一摺南城吏目侯選正指揮張士傳於拿獲搶刼西恒興錢鋪首犯楊二一案輒敢捏稟賺保希圖邀准實屬胆大妄爲張士傳着交部嚴加議處以示懲儆並將前次保案一併撤銷該部知道欽此請任賢去邪以應天譴疏

奏爲星象示變宜任賢去邪以固邦本而應

天譴恭摺仰祈

聖鑒事伏見邇者彗星見於北方初指紫微近犯鉤陳朝廷祗懼明詔

內外臣工各修厥職仰見

皇太后

皇上修德省愆敬天畏命甚盛心也臣愚不知占驗惟謹繹

聖諭所謂以實不以文者固非僅下一紙

詔書空言誡諭而已雖
詔旨未令臣等指陳時政闕失臣忝備風憲之官豈忍自安緘默仰負
聖明況
詔書又諭臣等同加修省勉修職業則臣之所以修職業以修省者祇在
於盡言是以不避狂妄一效其愚臣聞變異者天之仁愛人使之恐
以致福也伏見
皇太后垂簾聽政
皇上沖齡踐祚
主德清明曾無闕失彗星之出殆爲朝夕贊襄共濟艱難如樞輔諸臣者
或未能當天意乎商書曰股肱惟人良臣惟聖君之倚良臣猶人之
須手足也手足不能舉則無以爲人大臣不任事則無以爲國竊見
大學士寶鋆久贊樞機値此時事多艱自應竭誠盡節以上報
主知下塞望人而近年屢請病假恣逸於家養痾自便處之晏然臣逸君
勞於義安忍且性好談諧逢人狎侮鄙正論爲無知視國事如兒戲
而望儀型四方表率百寮難矣戶部侍郎王文韶本次示稅之材斗

饕之器身爲曹郎日以奔競著名已爲清論所不予不數年而外任
封疆內居機密家貲巨萬衆所共知儻詢其所由來必有不堪問者
且該侍郎既身日月之光其子自應守滿盈之戒乃到部未久屢占
優差物議沸騰傲然不恤方今時事艱難外患孔亟辦理之要首在
內治所謂內治者正朝廷以清其源也若如寶鋆王文韶之老猾貪
庸豈足以當重任而禦外侮耶應請
旨予罷斥以應
天心大學士左宗棠以邊督召還膺不次之擢受特達之知報稱之義
自應如何方其入朝中外喁喁望治今既數月矣絕未見有設施即
其自請治畿輔河渠固屬根本之計然天下事豈無更大於此者臣
謂左宗棠正宜殫竭血誠破除情面劾貪黜不職之輩拔緩急可恃
之才勿瞻顧同官周旋時局庶足以答
朝廷之心慰士民之望臣聞國事所關莫先刑賞大臣之責不顧嫌疑
昔宋仁宗銳意太平責成輔相爲開天章閣召輔臣條對范仲淹退
而上十事首以明黜陟抑僥倖爲言富弼上當世之務十餘條亦以

進賢退不肖爲己任他如姚崇之相明皇李德裕之相武宗莫不以分別邪正舉直錯枉爲第一事左宗棠受任以來豈竟一無所聞見乎抑亦未免弇阿卷縮知而不言乎臣願左宗棠當以姚李范富自期

朝廷亦當責以天下之重使得諮陳其所欲爲必曰方今何事可憂何人可任何利可興何害可除何者可爲先務何者且緩圖責之專而毋掣其肘若不效則重治其罪毋阻於邪說毋惑於浮言所以固邦本而弭天災者無過於此臣位卑言高激切上陳無任屏營悚惶之至伏乞

皇太后

皇上聖鑒謹

奏

光緒七年六月十四日

再臣正繕摺間伏讀

諭旨左庶子陳寶琛奏劾大學士寶鋆畏難巧卸瞻徇情面已經

皇太后
皇上嚴加訓飭臣本無庸再瀆惟是臣摺內所陳尚有切要之事宜達
聖聽者不揣冒昧仍繕就恭呈
御覽以備
採擇謹
奏

劾營房窩賭疏

奏爲營房窩賭拿獲匪徒請
旨交部審辦並請
飭將該管營官嚴劾以儆效尤恭摺仰祈
聖鑒事竊惟近年以來內外各城賭風日熾甚至官所衙署庇匪藏奸蹤跡詭秘碍難究詰臣等巡察地方每於司坊接見諄飭實力稽查不得空言塞責迭經查獲懲辦匪徒稍知斂迹惟訪查臣城所屬正藍旗滿洲營房向來窩賭旗民雜處官弁不服稽查臣等因密諭該坊設法嚴拿嗣據揀調正指揮蔣壽齡吏目張光榮詳報八月二十六

日夜會同練勇局委員陳文熙哨官張存豐帶領勇丁捕役購覓眼
線前往該處營房緝拿在正聚賭間拿獲爲首之覺羅景全張九同
賭之杜長清羅三即羅永順秦德兒史大謝三陳五魏三閏六景艾
仔杜項兒杜滾子等到案並起獲寶單賭具錄供一併解城臣等公
同訊問據覺羅景全供係正藍旗滿州青林佐領下閑散本年八月
十二日因向文姓租得正藍旗營房六間邀同張九開寶抽錢分用
據張九供係大興縣人八月有素識之覺羅景全約同開寶伊買得
寶設局抽頭每日抽收錢數不等並據杜長清羅三即羅永順秦德
兒史大謝三陳五均各供認同賭不諱惟魏三閏六堅不肯認景艾
仔杜項項兒杜滾子供係在塲睢看並未同賭等情臣查營房之設
所以宿兵衞民詰奸慝禁賭博乃該管營官專責若如該犯景全等
之開塲聚賭累月經旬何至漫無覺察且據供有文姓收租詰訊文
姓何人堅吐不實明係該管官得規庇縱尤爲藐法臣城例無刑訊
難取確供除將該犯覺羅景全等片送刑部審辦外相應請
旨飭部會同宗人府訊明按律懲辦並請

飭下該旗都統查取該管官職名從嚴參劾以儆効尤臣爲整頓地方
起見是否有當伏乞
皇太后
皇上聖鑒訓示施行謹
奏
光緒七年九月初四日奉
上諭巡視東城御史　奏拿獲營房窩賭匪徒請交部審辦並將該管
營官嚴劾一摺賭匪景全張九杜長清羅二即羅永順秦德兒史大
謝三陳五魏三閻六暴艾仔杜頂兒杜滾仔等着交刑部審訊按律
懲辦營房要地乃竟窩留匪徒聚賭實屬不成事體着該旗都統查
取該管營房官職名從嚴參辦以儆效尤欽此

乞留重臣以維大局疏

奏爲乞留重臣以維大局恭摺仰祈
聖鑒事竊臣前因星變陳言宜任賢去邪以答
天誠大學士左宗棠宜專委任以責成功臣才不逮人意陋詞畧不足以

少闕
宸聽未幾左宗棠卽因病乞退臣以輔臣去就實係天下安危卽欲上
章論列嗣閱邸抄有左宗棠補授兩江總督之
命仰見
朝廷優體勳賢愼重疆寄曷勝欽佩顧臣有不能已於言者自俄人更
約以來邊鄙蠢動內之樞臣無定傾扶危之策外之疆臣無竭忠致
節之心舉動張皇漫無措置賴我
皇太后
皇上獨發
宸斷召左宗棠入贊樞密中外人心爲之一振卽臣等亦私相慶忭以
爲
聖主既得賢臣則舉直錯枉治理可臻太平可致今諸臣如故而左宗
棠外遷外之議論有謂左宗棠老病昏頹不能勝此鉅任者有謂左
宗棠鬱鬱失職迤邐求去不如在外尚得行其志者臣以爲左宗棠
果老病昏頹未能入直軍 機則江督亦詎堪勝任若但艱於步履則

朝廷優待耆臣如前大學士潘世恩之
特旨給扶入直亦是
祖宗故事至得行其志與否則又在
皇太后
皇上耳識者又謂左宗棠自入輔以來毫無展布由才力不逮遷地弗良非有排擠沮抑之者臣竊謂不然且左宗棠擢自
先朝十餘年間底定南疆削平西寇其所設施豈惟
聖明知之亦天下之人所共聞共見自其爲布衣時卽勵志節以天下爲己任身兼將相不異寒素之家可謂始終一德之士非若諸臣之竊位乘時以僥倖於萬一者也夫騏驥之足與駑馬並駕又安望其一日千里耶伏願
聖慈思鑒前車深維國計留置左右豁決謀謨其事權使騁不責 奉行文書趨蹌應對之末節而責以時事得失國家安危之大計使得籌捍敵禦寇之方講興治補弊之術延訪多士博采羣才必得竭忠智有所裨補臣職司糾彈用人之權不當妄瀆惟耳聞輿論目覩時艱

區區愚忱不能自已
朝廷察臣與左宗棠素無半面之識葭莩之親又何必多言煩瀆觸左右之忌以自取罪戾哉伏望
皇太后
皇上留神聽納則天下幸甚謹
奏
光緒七年

請飭究職官揑遞匿名疏

奏爲揑遞匿名書信意圖挾制請
旨飭交刑部究辦仰祈
聖鑒事竊臣城八月二十二日據正指揮詳報有恒發糧店商人侯治銘喊告韓大欠伊錢文屢討不還當飭傳到查訊據韓大供所欠錢文係代伊舖東戶部郎中舒文借用懇求傳訊臣等以侯治銘本與韓大交易無牽涉舒宅之言未便票傳是以僅將韓大暫押究追在案突於本月十七日有人到臣承脩寓所投遞書函云是恒宅送來不

取收條言訖即馳馬而去臣以其語言恍惚舉動倉皇即令差人追
趕登時拿獲拆閱信內署尾並無姓名情詞詭幻意在誣謗卻不明
言揣其意指不過欲臣眩惑有所顧忌不敢根究便爲計得臣即飭
差將人信解城會同臣阿彥泰公同訊問據犯袁貫供係在舒宅傭
工伊主人官名舒文現任戶部郎中在總理衙門當差本月十六日
晚伊主人叫伊進去親手交給書信一封囑令次日送至東城察院
鄧宅不取回信如有人問即飾說是恒宅送來十七日早即騎伊主
人馬到鄧宅送信登即被人將伊拿獲信內所云伊一概不知等供
再三研鞫矢口不移臣等以該員現任職官與小民爭利把持訟事
已屬不應復敢捏造匿名書函意圖挾制尤爲悖謬查匿名書函例
應銷燬惟信內誣捏關涉臣城詞訟虛實均應嚴究相應請
旨將該犯袁貫所遞匿名書信並該員鋪夥韓大被控全案人證飭交刑
部嚴行審訊澈底根究以爲藐法妄爲者戒是否有當伏乞
皇太后
皇上訓示謹

奏

光緒七年十月二十一日奉

上諭巡視東城御史　奏職官揑遞匿名書信請飭究辦一摺據稱商人侯治銘喊告韓大欠伊錢文訊據韓大供係代伊舖東戶部郎中舒文借用正將韓大押究突有人赴鄧承脩寓所投遞書函稱係恒宅送來拆閱並無姓名情詞詭幻經該御史獲訊稱係舒宅傭工袁貫主人舒文給書信令其飾說投遞等語案關職官牽涉訟事復揑遞匿名書函虛實均應澈底根究所有遞書人犯袁貫舖夥韓大及全案人証均着解交刑部嚴行審訊郎中舒文着聽候傳質欽此

縷陳鄂省積弊疏

奏爲縷陳鄂省積弊請

旨派員查辦以儆官邪而蘇民困事竊以近者邊防多故我

皇太后

皇上屢詔疆臣以練兵籌餉宜實力整頓各大吏自當激發天良懍遵

綸旨而疆臣中如李瀚章者一家羣從均沐

國恩尤宜加意奮庸仰酬

高厚臣前閱邸抄見御史梁俊奏稱天下督撫聲名最劣者無如李瀚章

臣猶疑其言之過當及與湘鄂士大夫談者則無不人人切齒飲恨

吞聲又怪近日言事之臣彈劾貪邪微細畢舉從未有及李瀚章者

蓋其聲勢震嚇權萃一門交結蔓延多所顧忌以故言不敢輕發耳

臣備位台列儀亦畏避強禦溺職辜

恩罪何可逭用敢據實爲我

皇太后

皇上縷晰陳之疆吏要務無過理財用人練兵數大端湖北釐金巡撫

專政胡林翼撫鄂時每歲入款多至四百萬至少亦三百九十六萬

嗣後漸至侵漁或二百餘萬或百八九十萬不等近年來每年實收

三百餘萬有票根可稽其報部作正開銷如京協各餉統計一百餘

萬有部案可稽其餘悉歸局員侵蝕督署亦有規費緣上司所委局

員非親即友上下交通釐差到手任其揮霍候補知府李謙拜局道

爲師在局年久貪鄙不堪局中司事亦捐官購產如局員病故送錢

六千串分局之員病故接委者情願認虧空數千串釐金之弊如此湖北新關竹木稅總督專政每年實收一百餘萬兩有票根可稽報部僅三萬餘兩有部案可稽督署每日正款七百五十餘兩則局員分肥關道楊宗濂係李鴻章兒女姻親管關八年家貲巨萬計鄂省釐稅所益於額項者幾何而攫入私囊者如此大吏為

國理財固如是乎一省吏治藩司為主今自道府以至佐貳一切補署先儘總督私人開單請用撫次之藩又次之如漢黃德道何維鍵白計鑽營李瀚章之妻認其妻為義女獲補斯缺積貲無算如候補道員瞿廷韶候補知縣宋熙曾皆以苞苴進遇有優差優缺即行着委其餘候補各員到省十餘年或二十年不得一差者甚多惟見私人充斥而已瞿廷韶解餉失鞘一萬二千兩藩司力為開脫混入釐局保案宋熙曾歷署襄陽府屬各縣以酷濟貪殺人媚上藉查拿刀匪為名前後枉殺者不下數百人民稱為閻王又稱宋大將軍彼亦以此自稱對人誇示上年署蘄州知州誣良民藏匿匪首張鐵牛縱火燒燬曾姓梅姓等民房四十餘間株連甚衆襄陽荊州宜昌各府屬

逼民罷市之案不一而足民控到省發審局委員輒勸令和息通山縣焦姓命案詐贓二千兩事發不追不辦此等劣員天良喪盡而總督稱之曰能民寃沈海矣此鄂省之用人也營伍係總督專管鄂省防軍每營名爲五百勇實則僅二百名綠營官悉蝕勇名並每營火長五十餘名夫銀悉歸統領督署油燭紙張津貼銀亦由統領致送凡槍砲器械棚帳等項統領扶同製造委員冒領款項甚且將各物變賣分肥即如建造砲臺領銀萬兩實則歸工八百餘兩以營員有營費臺員有薪費展轉到工不過此耳巡鹽營哨淫掠不堪如天門之案光化之案沔陽之案動輒調營以治賊之法治民民有何辜罹此荼毒故其移督川省也百姓焚香謝天聞其反鄂則蹙頟相告是營伍之設既虛靡帑項又復貽害地方如此臣惟國家所以長治久安者以任用得人也天下治忽視輔臣之賢否一省風氣以大吏爲轉移苟非其人鮮有不敗李瀚章本係庸才論德則無可述論功則無可紀徒憑權藉寵久覥高位荒淫酷虐黷貨無厭鹽幫番船絡繹於江海間楊州蕪湖等處質庫相望皆嫁名商賈而陰收其利所

受屬員餽禮窮極奢靡如佛像八仙壽星皆用黃金鎔造高至五六尺者故每屆該督及伊母生辰江漢間金價為之一昂娶媳演劇藍印到署尚不止息一切事務𢮦藩奉行文書惟命是聽不肖員弁相率迎合民怨日深隄防必潰若不嚴加詰問豈鄂事敗壞已哉應請
旨簡派廉明公正不避嫌怨之大臣查辦澈底嚴究庶以儆官邪而蘇
民困是否有當伏乞
皇太后
皇上聖鑒謹
奏
光緒七年十一月　十八日
光緒七年十二月二十五日奉
上諭左宗棠奏遵旨查辦事件先行覆陳大概情形一節湖北候補道楊宗濂着先行革職聽候查辦湖北湖北漢黃德道何維建著即開缺送部引見候補知府李謙著彭祖賢查看甄別其餘應查事件仍著左宗棠詳細查明據實具奏欽此

請飭查關稅侵蝕以裕國用疏

奏爲庫欵支絀請

飭查關稅侵蝕以裕國用而杜漏卮恭摺仰祈

聖鑒事竊自軍興以來財用匱乏加以水旱頻仍供億繁費會計之臣東羅西掘或害重而利微或損多而益少徵歛不遺於尺帛帑項無補於絲毫海內虛耗百姓困苦蓋未有如今日者也夫天地生財祇有此數不在國則在民今庫欵無一歲之積閭閻鮮蓋藏之家既不在國又不在民臣熟思其故博訪人言雖耗糜多端而其大要有二一曰內府之浮冒一曰關稅之侵蝕浮冒之弊諸臣已屢有陳奏久垂

睿鑒無俟臣言至於關稅侵蝕之弊十餘年來日增月益迨不可以數計其見諸奏牘者如前收兩廣督臣劉坤一署理海關纔數月耳已溢銀十五萬兩其實缺之胥吏僕役是可知柯玉樑一粵海關書吏耳不數年而家資巨萬捐納江蘇候補知府書吏如此則正任可知至津海關密邇京畿其在人耳目如餽遺過客供應上官歲須數萬金皆取償於此則飽入私囊重載而歸者可知他如上海登萊蕪湖漢

口新關九江贛州廣州肇慶梧舟歸綏道山海關凡有關稅者無不
侵蝕多者十餘萬少亦七八萬綜而計之歲不下數百萬今部臣晝
維夜算欲額外求一錢辦公而不可得而坐視此數十百萬之民脂
民膏悉付之狼吞虎噬而不問此臣所不可解也且
國家取民田賦而外祇有榷稅所以裕國課資正供惟此二者而已然錢
糧之分數即州縣之考成有侵蝕者則監追叅劾隨之其考核之嚴
如此至於榷稅則隱私入己纍纍數百萬嵗之如不聞見之如不見
譬如一家之中主持者日數醬閒米計及錙銖至於豪奴悍役侵尅
其資財私鬻其田產而頋不知察有是理乎又不獨此也因其貨利
以結納長官彌縫要路旣以差而得富復以富而市官賄賂日彰官
邪益著吏治何由不壞財用何得不竭臣愚欲乞
特派大臣廉介如前侍郎彭玉麟精核如前撫臣丁日昌閻敬銘密查確
數據實叅奏並
飭下各督撫所屬有關稅者妥議章程或於徵收溢額之中酌留一二以
爲緩急辦公之用其餘

飭令悉數解部中開單呈
覽以備稽核如有前項侵蝕情弊或督撫扶同隱匿別經御史糾彈一併
從嚴治罪其差滿人員果有行芳履潔盡公忘私者
朝廷擢其一二以示褒異使賢者有所勸而爲不肖者有所懲而不敢
裕國用而杜漏卮計無踰於此者或謂積痼已深一旦革之去一弊
更生一弊塞一穴復穿一穴浮收需索之費將更倍於曩時臣以爲
此不必慮也臣之所慮者在於紀綱不振賞罰不行耳夫黷貨者人
之情畏罪者亦人之情彼見
朝廷賞必信罰必行縱愛身家獨不愛性命耶昔齊威王爲政烹阿
大夫封一卽墨大夫而齊國大治轉移之權固操之在上耳我
皇太后
皇上誠大奮乾綱將天下不足治豈惟區區積弊可除哉臣智識短淺
一得之言是否有當伏乞
聖鑒采擇施行則天下幸甚
光緒八年正月十四日

正月十七日奉
上諭御史　奏請飭查關稅侵蝕以裕國用一摺前據戶部奏各省關
稅有餘之處除徵解足額外應令各就徵收實在情形按年溢解當
諭令該督撫監督等核實辦理茲據該御史奏稱關稅侵蝕之弊日
增月益不可數計甚至胥吏僕役中飽巨萬殊屬不成事體現在時
事艱難餉需支絀亟應事事核實以裨國計著管理關稅之督撫監
督等各就徵收實在情形和盤托出遵照部章於正額盈餘外按年
溢解朝廷意存寬大亦不追其既往經此次嚴諭飭查後如再有掩
飾迴護情弊別經惟發覺該督撫監督是問懍之欽此

請嚴懲番役妄拿以安輦轂疏

奏為特參步軍統領衙門妄拿番役强刼衣冠請
飭查明懲辦以肅法紀而安輦轂事竊有廣東鎮平縣舉人古銘猷讀書
守法鄉里共知寓居外城虎坊橋鎮平會館以教讀自給從不干預
外事三月二十八日酉刻由刑部郎中濮文暹家塾授書回館突有
官差數十人手持器械闖入會館稱是步軍統領衙門番役奉有

密旨拿人不許聲張分辨立將古鎮猷攢毆多傷隨用大鎖鐵鍊捉拿入城覊禁拷打查步軍統領衙門拿人除謀反大逆著名大盜從無白晝多人圍捕之理古銘猷身列賢書素行謹飭都中鄰里皆無間言一旦遭此橫禍士夫駭歎坊巷震驚不諳衙門堂司各員何以昏聵至此竊思近來步軍統領衙門官役兵弁大率包庇匪徒諱盜誣良

即如

禁門重地去冬

慈甯宮竊盜一案積年累月偷竊公行內外城坊巨案疊見該衙門漫不爲意而於市井貿易貧弱良民訛詐刼脅徧被荼毒然尚未有如古銘猷一案白晝强刼虐及士流者夫於都會通衢妄行如此則鄉僻何所不爲於科名士類凌辱至斯則小民何堪設想特

君門九重無由申訴耳伏念

朝廷仁民愛士曠越前代而爪牙之司懸不畏法竟敢羅織縉紳橫懲楚毒該統領知與不知均難辭咎若不將該衙門官弁差役從嚴加處則此輩無復畏懼愈加肆橫必至輦轂繹騷衣冠塗炭有累於

聖化甚大爲此據實奏
聞伏乞
皇太后
皇上聖鑒謹
奏
光緒八年四月初二日奉
上諭御史　奏特參步軍統領衙門妄差番役强刼衣冠一摺據稱三月二十八日突有官差數十人持械闖入鎮平會館稱係步軍統領衙門番役奉有密旨拏人立將舉人古銘猷攢毆多傷用大鎖鐵鍊捉拏入城覊禁拷打等語步軍統領衙門雖有緝捕拏賊之責何得妄拏無辜况係衣冠士子尤不應擅行毆辱該番役因何鎖拏古銘猷既經覊禁拷打該衙門堂司各官有無聞見著步軍統領迅即查明據實具奏毋得迴護掩飾稍涉含混欽此

劾帥臣覆奏欺飾疏

奏爲特參步軍統領覆奏欺飾請

旨嚴懲事竊臣前以步軍統領差役强刼衣冠請飭查辦欽奉
嚴旨令該衙門據實具奏毋得迴護掩飾稍涉含混仰見
聖慈仁民愛士整飭紀綱臣等不勝欽佩嗣聞該衙門覆奏謂古銘猷被
傷皆係自行碰損兵役並未攢毆等情祇將番二人送部業經刑部
飭傳古銘猷驗明有木物拳打脚踢口咬各傷其攢毆多傷已有確
據則其欺飾可不辨而明夫白晝强刼沿途毆辱所過之地又皆大
道通衢爲人人所見彼雖欲欺誑
聖聰又安能掩衆人耳目原其所以無非爲該堂司弁役脫卸之地以數
日以來道路憤懣外議喧騰臣忝列台端苟有所聞豈敢以事已糾
彈遂安緘默竊以步軍統領位隆責重
祖宗以來非廉能特出之才未嘗輕授所以重根本而杜亂源也近來膺
是職者率以庸材備位以致京畿之內盜賊縱横刼及
禁門自王公府第至士庶之家巨案疊出士慮倉壼奉
旨嚴拿之犯結黨公行該衙門徇庇賄縱百無一獲至於閭巷小民則横
噬株連廣作威福此皆由統領非人所致臣聞步軍統領崇禮素行

猥鄙前任粵海關監督黷貨無厭上務貪緣下恣揮霍不數年而遂
躋顯列縉紳士夫傳爲娛笑今古鎔猷一案任令惡役鑿虐士流其
素無約束已可概見及被
旨詰問輒又含混其詞預爲諉卸之地絕無引咎之言藐法肆欺莫此爲
甚方今海宇未安修內攘外宜廣樹英賢以資指臂伸明賞罰以示
至公而
輦轂之地爪牙之司向不能委任得人又何以風天下而示勸懲應請
旨將該步軍統領崇禮嚴加懲處立治以欺飾之罪庶足以杜欺罔而息
羣言臣不勝迫切待
命之至伏乞
皇太后
皇上聖鑒謹
奏
光緒八年四月初十日
同日奉

上諭翰林院侍講學士陳寶琛奏叅侍郎崇禮自任左翼總兵及署步軍統領於地面搶竊各案賊盜多未捕獲近復縱容番役妄拿舉人古銘猷辱及士類其在戶部於錢法堂事務漫不經心監督邵承瀛聲名甚劣去冬被人控告崇禮仍復委任阿縱御史鄧　奏崇禮於古銘猷一案覆奏欺飾請嚴加懲處翰林院侍講張佩綸奏給事中師長灼龍鍾昏瞶此次古銘猷被拿有伊子師僖勾結番役刼毆洩憤情事應將此案番役盡行送部訊辦各一摺大着學士會同刑部查明具奏欽此

卷三

請維藩屬疏

奏爲高麗亂黨粗平球案未結請
特派大臣出駐烟臺相機調度以維藩屬恭摺仰祈
聖鑒事竊見近者高麗骨肉相猜外戚秉政亂機久伏逆黨承之逐君戕
后横及日臣
朝廷命將出師二旬之間罪人斯得既彰保小之仁益敦睦鄰之誼
聖武布昭遐邇悅服惟聞日廷議論洶洶羣疑滿腹推原其隱殆以中山
之案未結恐我揚兵域外爲聲罪致討之師耳故自拓商分島之請
未遂日使怏怏而去
朝廷未有責言近聞忽派海軍中將樺本武揚爲駐華公使聞其人頗
習兵事素爲日廷所倚重一旦出使殆將陽作調停陰覘虛實和戰
之局轉圜之機實決於此夫以中國土地之廣人民之衆物產之富
賢才之秀甲於地球微論日本蕞爾之區不足與抗即英法德俄諸
邦亦且逡巡退讓自謂弗如

朝廷徒以重發難端習爲偷惰重以西國甲兵之犀利器械之精良製造之工巧貿易會計之便捷歐人方挾其長技以凌我而苟安持祿之輩遂以爲西盛而中衰環顧而不敢言戰卽以日本而論自李唐步趨中法惟恐不及千餘年於玆矣一旦舍其舊而新是謀法秦政之坑焚効武靈之胡服幾有雄長亞洲之意然其始未敢大猖獗也臺灣之役始爲嘗試而我曾不聞以一矢加遺擲金錢數十萬以求一日之無事此其所以肆然無所復忌也而泰西各國因得以窺吾虛實於是威妥瑪有烟臺之行巴蘭德有天津之議俄約紛更日人承隙夷琉球爲郡縣而宍戶璣遂下旂回國恣情要挾損威毀重其所由來者漸矣臣統觀今日之時局日本視中西之强弱以爲向背各西國又視中東之强弱以爲轉移一髮千鈞關係甚重臣愚以爲中西交際不妨虛與委迤示以寬大東瀛有事則全力爭之不宜有纖毫遷就啟列邦以輕量中國之心且日本非果富且强也扶桑片土不過內地兩行省耳東西二京大板一府橫神長三口爲其通關薈英之所萃而民間儲積掃地無存十餘年來購軍械易服色舉其

所有金錢盡成國債平時貿易專恃紙幣之流通有警則此無所用總核府現內銀不滿五百萬兩前借英德美三國債項原約以十年爲度今旣屆期尙擬展限窘迫如此何以爲國水師不滿八千船艦半皆朽敗陸軍內分六鎭統計水陸不盈四萬而又舉非精銳然彼之敢於悍然不顧者非不知中國之大也非不知中國之富且强也所恃者中國之畏事耳中國之重發難端耳今以高亂之故

朝廷急遣重軍分道並進所謂疾雷不及掩耳彼旣駭然愕然失其所恃不旋踵而使情見勢絀概可知矣臣愚以爲

朝廷宜承此聲威將高人治亂之由諸將平定之功速宣示中外

特派知兵之大臣駐紮烟臺相機調度不必明與言戰但厚集南北洋戰艦示將東渡分撥出洋梭巡外以保護商民爲名更番出入藉以熟探沙線飽閱風濤流覽形勢爲搤吭拊背之謀其駐高麗之吳長慶水陸各軍乞

飭暫緩撤囘以爲犄角佈置旣定然後責以擅滅琉球肆行要挾之罪臣料日人必有所憚而不敢發不惟琉球案易於轉圜卽泰西各國

知吾軍勢既張不諱言戰如法人之蠶食越南私邀盟約非口舌所能爭者可不勞而定臣一介迂儒未諳邊務惟事關大局謹博采衆言參以臆見冒昧瀆陳是否有當伏乞

皇太后

皇上聖鑒

光緒八年八月初二日奉

旨留中

權宜補救疏

奏爲金幣暗耗國用日空請

飭籌補救之方恭摺仰祈

聖鑒事臣聞治天下者當知天下之大計知天下之大計者在統籌全局之利害而權其輕重而已凡事不能有利而無害故曰兩利相形取其輕若重其所輕而輕其所重必馴至於潰敗罄竭而不可收拾雖有善者亦莫能持其後臣竊見數十年來歐美各國專事通商其始則以兵力擴其商務繼則以商務恣其其併兼迨其膏脂既盡國幣

虛耗然後脅之以威臨之以兵易置其君奴隸其民而惟其所欲為
其陰賊險狠大較如此故其於商務也莫不保護而把持之竭其全
力日夜淬厲以求搜括之術稍有差失則羣起而迭爭亦其勢然也
國家與外人通商十餘年矣臣嘗考其近年出入之表輸入者歲七
千餘萬輸出者僅五千萬而洋藥入口多至九萬箱價值至三千餘
萬是輸入之欵以洋藥為最鉅流毒為最深然自近年內地廣植價
值遞減四之一每歲可省輸金銀數百萬自禁種以來價值又驟長
五之一進口之貨多溢數千箱則每歲金銀又增出千餘萬若全行
禁止內地之栽種盡絕則洋藥之銷售愈廣日增月益當歲出金銀
五千萬十年之後當歲出五萬萬如此則民何以支國何以堪乎夫
烟者生於地而無窮財者藏於民而易盡今英人禁食而種烟中國
則吃烟而禁種我諱其名而英利其實然則英之得計固未如種烟
我之失計亦未有如禁種烟者矣為今之計惟有統籌全局之利害
而權其輕重若能杜絕來源嚴禁民食拔本塞源斯為上也其次則
莫如弛種罌粟之禁彷屯種之法以敵其利英人以洋藥稅為印度

軍餉所需我若議禁彼必不行閉關絕使則力有未逮至禁民吸食則其權在我然自道咸以來屢伸禁令其始操之過蹙繼則法具而實不行雖曰立法未善亦由根株既深勢難驟拔是則杜絕不能嚴禁不可計惟有弛種罌粟之禁仿屯種之法以敵其利而已查西北土惟與印度略同新疆土曠人稀不耕之地甚多若招徠墾種聽民自便民必趨之種植既廣以賤價運銷內地則印度之業洋藥者其利益微十數年後將不禁而自絕彼不販而禁操縱由我張弛自我法行而後吸食之害可去不惟此也又有五利新疆北界於俄道里遼闊商賈不前今若聽民種烟則民必相率來歸邊鄙既實聲勢益壯一也因其生聚設爲郡縣二也徵其稅以佐邊儲之費如英人印度之製不加賦而用足三也五穀並種無妨民食四也西北宜麥多藏易朽以其餘利得以購製衣糧不憂困乏五也或者以晉饑爲言不知晉省連歲荒旱大吏諱而不報倉儲空虛全無積穀以至此極即不種烟亦不免於饑且秦豫不盡栽烟而亦災滇黔烟穀並栽而未聞歉食東粵仰給於西不栽煙而食常不足此非其明徵耶就令

稍有妨碍亦不當以一隅之得失壞天下之全局也或謂正其誼不謀其利故聖罕言利孟軻曰何必曰利今若弛其禁是誘民於利而顯悖乎義矣不知聖人所惡乎言利者謂其損下益上有害於民耳苟可以去害而利民非聖人之所惡也今有人歲擾其家數十金則必裂冠攘臂而與之爭以爲利權一失則饑寒至誠切於肌膚也至於謀國歲輸數千萬金則任其取携羅掘而不之惜曰吾將以禁民爲非以求合乎聖賢之說此豈知天下之大計者耶今內外諸臣熟悉洋情者頗不乏人臣愚欲乞

特旨垂諭以近年通商出入之表洋藥歲輸入至四千餘萬有此鉅欵否歲輸此欵能不病民蠹國否十年之後民何以堪國何以支諒議之臣曾計及此否又果有術以應之否若有以應之則臣爲妄言罪宜不赦若無以應之則臣之所言亦權宜補救之謀較之拔本塞源一律禁斷者固爲失較之僅嚴禁種務虛名而受實禍者尚爲得也臣爲國用暗耗起見不避狂瞽輒敢上陳伏乞

皇太后

皇上聖鑒訓示謹

奏

光緒二十八年八月十四日奉

旨留中

乞罷樞臣疏

奏為樞臣被劾無據事實有因請

旨先行罷斥以回

天變以塞人言恭摺仰祈

聖鑒事竊見

天象示警臣忝司言職其細者猶不欲瀆陳而其大者又自維未敢輕發

傍惶日夜寢饋難安臣伏讀二十四日

上諭本月中旬彗星見於東南此必用人行政實多闕失

二十七日又奉

上諭醇親王翁同龢奏遵旨詳詢洪良品據實覆奏一摺此案必須崔尊

彝潘英章到案與周瑞清及戶部承辦司員及書吏號商當面對質

庶案處實不難立仍俾着麟書潘祖蔭將此案澈底根究務期水落
石出以成信讞仰見我
皇太后
皇上敬謹
天戒訓飭臣工臣不勝欽佩但此等曖昧營私之事苟非經手過付之人
萬無確據即有據矣非嚴刑質訊豈肯吐實況所參之王文韶未解
樞柄在麟書潘祖蔭皆受
國厚恩未必遽爲迴護而承審之司員則難保不聲氣潛通預爲消弭
且崔尊彝等雖奉
嚴旨催傳而輾轉須時遷延日久何弊不生臣實未敢必其澈底根究也
臣竊謂進退大臣與胥吏有別胥吏必贓証俱確始可按治大臣當
以素行以定其品評
朝廷即當以賢否而嚴其黜陟以臣觀之景廉素稱謹飭不應晚節而
頓更但此案事閱兩年贓逾巨萬堂司書役盡飽貪囊景廉總司會
計未聞有所舉發縱非受賄難免瞻徇或者以瞻徇遂指爲受賄亦

未可知至於王文韶賦性貪邪爲曹郎日即以奔競著名出權關道私開錢鋪惟利是圖及躋樞要力小任重不恤人言貪穢之聲流聞道路議者謂前大學士沈桂芬履行潔清惟援引王文韶以負

朝廷實爲知人之累衆口僉同此天下之言非臣一人所能揑飾也伏見我

皇太后

皇上用人行政莫不虛心採納至公至明如前吏部尚書萬青藜人本平庸所謗亦無確據祇以衆望不孚遽行斥退夫吏部名爲六官之長其事不過奉行

朝廷尚不肯曲予姑容樞臣有總攬天下之權進退百僚之責乃政令所出治忽所關顧以貪庸巧詐之人濫厠其間 耶方今人才雜糅吏事滋蠹紀綱隳壞賄賂公行

天變於上人怨於下挽回之術惟在任人若王 文韶者才不足以濟奸而貪可以誤國若不速行罷斥令貪鄙之徒互相汲引布滿朝列源之不清其流必濁

朝廷雖日詔臣工共勤修省不過一紙空文而欲以回
天變塞人言難矣臣位卑言尊徵或不足據乞
特旨派一二親信之大臣詢以王文韶素行若何公論若何令其激發天
良據實上對如臣言不誣乞即將王文韶先行罷斥使朋比者失其
護符訊辦者無所顧忌
朝廷有剔弊除奸之意庶此案有水落石出之時臣言不實則甘伏誣
上之罪以謝左右臣與王文韶素無仇嫌但念
聖明之朝而貪黷在位皆由臣等不能盡言竭論所致區區愚忱欲已而
不能自已伏乞
皇太后
皇上留神聽納則天下幸甚謹
奏
光緒八年八月三十日
光緒八年九月初一日奉
上諭給事中鄧承脩奏樞臣被參請旨罷斥一摺據稱王文韶因雲南報

銷一案被參未解樞柄承審此案難保不聲氣潛通預爲消弭等語本日召見軍機大臣據王文韶力求罷斥懇請至於再三王文韶由道員歷任藩臬擢授湖南巡撫著有政聲是以特召爲軍機大臣並令在總理各國事務衙門行走數年以來辦事並無貽悞朝廷簡任大臣一秉至公該給事中稱爲沈桂芬所援引卽屬臆度之詞現在時事多艱王文韶受恩深重惟當黽勉趨公力圖報稱仍着照常入値不得引嫌固辭至雲南報銷一案迭經諭令麟書潘祖蔭嚴行訊辦定須究出實情景廉王文韶有無情弊斷難隱飾着俟崔尊彝潘英章到案後添派醇親王翁同龢會同查辦欽此

請飭嚴緝犯以雪沈冤片

再粵東歸善縣附貢生楊星輝治家嚴正遇事秉公因禁賭被服姪楊永康楊白毛金楊建康楊火先楊阿康於光緒六年十月間率黨二十餘人各執洋鎗刀鎗登門尋殺當將伊叔楊星輝殺斃并殺斃其子武生楊占祥楊秀寬一家三命又重傷其孫楊秀昌旋卽奔逃經伊族人跟蹤追至紅磡地方已入香港地界線引洋兵緝獲楊白

毛金楊觀養楊水姐楊成才楊李姐楊觀德楊長興楊石興楊亞宗
楊亞二楊亞佗四楊矮辛紅楊亞俊等十三名解交香港英官押收
嘗由兩廣總督張樹聲劄弁到港守提而同英官竟延不交出復由
張樹聲咨呈總理各國事務衙門照會英國駐京大臣咨行香港總
督務將楊白毛金等犯交出以符條約乃英督不惟不交反於七年
九月間將楊白毛金等盡行釋放致各犯俱嘯聚香港逍遙法外查
中英條約等二十一款內載中國民人因犯法逃在香港中國官照
會英國訪查嚴拿查明實係罪犯交出不得袒庇等語和約具在豈
英官顯違條約匿匪縱兇令逆姪弒叔一家三命之案懸擱三載未
辦一人且現當惠屬辦理積案之時若皆以香港為逋逃藪國法何
由得伸相應請
旨飭下總理衙門咨行駐英大臣曾紀澤照會該國外部申明條約轉行
香港總督速將楊白毛金等十三犯交出并將楊永康楊火先楊亞
搭四楊辛才楊觀典楊矮福楊公刁四等犯按名嚴緝務獲交解歸
案審辦并請

飭廣東督撫臣設法購緝全案要犯不得僅以該親屬購獲楊亞康等四名率行完案庶沉冤得以昭雪而匪黨不致効尤矣謹附片具陳伏乞

聖鑒謹

奏

陳時政闕失疏

奏為政令多闕災眚屢見請

嚴飭臣工力圖補救以弭

天變恭摺仰祈

聖鑒事臣竊見近者彗星見於東南累月不滅江湖水溢楚皖浙閩之交民壓溺死者不可勝紀近則河決於東濟武所屬之州縣盡陷於洪波巨浪之中數百萬災黎食息無所此乃曠古之極異非常之大災伏見

皇太后

皇上夙夜憂勤上畏

天誠下恤民艱委任輔臣開廣言路雖前世盛德之主未能遠過然災眚
屢見治效未臻者何也宋臣司馬光有言王者之職在於奮發乾剛
收取威福量才任人賞功罰罪而已
祖宗之盛時漢唐宋之治朝未有不由此者今則不然是非倒置而紀綱
不立上下相蒙而成令不行眞僞雜揉賢否競進而黜陟不當爵加
於無功法寬於有罪而賞罰不明姑以耳目所及者言之如戶部侍
郎王文韶屢被彈劾自知公議難容陳辭引退
朝廷慰留再四臣不知以言事者爲是耶非耶如以爲非固宜譴黜以
懲讒慝之口如以爲是當更求賢者以符輿論之公若既謂熟悉而
強留之不知熟悉遂足以盡樞臣之職耶抑樞臣之熟悉皆未有如
王文韶者耶以姑息爲優容以模棱爲寬大是非不辨羣議益滋臣
所謂紀綱不立者此也人主之威當如萬鈞之權無不折雷霆之震
無弗懼故能驅策羣動整齊百辟者威權一替則沮法背公者益肆
欺蒙而國無以立如雲南報銷一案崔尊彝潘英章奉
旨催傳者既數月矣

詔書屢下而置若罔聞部臣則諉之人證未集而訊無端倪撫臣則祇以空言搪塞而查無影響昨閱邸抄崔尊彝又以病故報矣死者既屬可疑生者何能就質廢詔書如故紙視國法為具文上下相蒙奸欺僉遈臣所謂威令不行者此也撫臣李文敏以闒茸劾而補一庸劣輕浮之潘霨潘司范梁以老耄去而進一庸妄不職之國英前之所黜去者如彼後之所除授者又如此臣不知

朝廷果知其人之不可而動循舊例耶抑不知其人之不可而率意差除耶又況黠者養交以市譽聯章密保貴皆灼見眞知劣者諂附以取容越級超資無非樹恩植黨眞偽雜揉賢否混進臣所謂黜陟不當者此也高麗之役不無微勞然運籌指顧身在行間者獎勸之可也至於幕中之坐客候補之冗員有何勳績而同膺懋賞乎然此猶諉之曰軍功東洋之隔一葦可航使者之往來過客之迎送亦職所應為耳況國家之設輪艦非徒坐耗薪糧原欲令其熟沙線狃風濤以資練習何功之可言近則馭遠輪船輒敢以護送使臣跋涉風濤為異常勞績臚列多人賞可謂濫矣葆亨以封疆大吏侵蝕賑款而

罪止遣戍姚寶勳之營弁利祿廣置田房而幷不查抄王金滿台州之小醜耳戕官刼犯恣肆累年地方官拱手坐視無可如何
朝廷亦不嚴加詰問湖南鳳凰廳一案冒功枉殺舉國皆知一查再查而弊混調停始終無事罰可謂輕矣賞及於無功則功皆可以倖獲何必孜孜從事罰寬於有罪則罪皆可以計免何用惴惴懷刑下植私恩上虧國法臣所謂賞罰不明者此也若此之類難以悉舉或事旣施行而無可挽回或屢經執奏而未能中止皆當今之闕失衆情之所私議竊嘆而不敢盡言者臣以狂瞽屢蒙
優容忍避嫌怨箝口結舌於
寛大之朝乎伏維
皇太后
皇上察臣無他勿以多言爲煩瀆已事爲贅疣
嚴飭內外臣工補補救將來力加振作使威令行而紀綱正黜陟當而賞罰明庶治效可臻災眚可弭矣臣不勝激切屏營之至伏乞
聖鑒謹

奏

光緒八年十一月初四日奉

刻臺臣不職疏

奏爲臺臣卑鄙不職據實糾參事竊臣於二十三日恭讀邸抄

上諭整肅台綱仰見我

皇太后

皇上澄叙官方申誡至切然憲綱之振當自台長始若皆庸瑣尸位何以表率僚屬仰副

聖明伏見左副都御史崇勳素無行檢久玷台班凡遇城坊諸事請託公行甚至登道謝台省諸臣數與臣言皆鑿鑿有據尤喜與市儈往來聞去年正陽門外洋貨舖開張時崇勳爲之知客終日酬酢道路觀瞻無不駭嘆而崇勳不以爲恥夫源潔則流清表曲則影斜似此齷齪卑靡不知檢束豈足以正百僚之具瞻爲獨坐之糾轄台綱不肅實由於此臣以愚戇屢荷

優容內激天良外顧公議不敢爲刻薄之行過事吹求亦不敢避搏擊

台長之名曲爲徇隱用據實彈劾上副
明詔不勝激切屏營之至伏乞
皇太后
皇上聖鑒謹
奏
光緒八年十一月二十八日
論城官敗壞風憲貽誤地方片
再巡視東城御史載彩聲名惡劣目不書知而數上書言事其中詭
秘不問可知但未經敗露言者亦未敢輕發耳若復
畀以城差得所憑藉必致益無忌憚不惟敗壞風憲抑且貽誤地方應
請
旨飭下都察院堂官查明參劾以肅台綱謹附片具陳伏乞
聖鑒訓示謹
奏
請撤銷指揮保案片

再捐復前任中城副指揮高楓諭本係市儈居心險狠因徇庇縱捕役曹姓詐贓被鋪夥郭明海在中城呈控撤任尚未訊結該城給事中師長灼旋即被參該坊亦緣案降調因北營拿獲劉三等盜犯該坊即夤緣混入保舉補缺後以知縣升用似此惡劣之員指揮末秩尚難勝任而顧可以膺民社之重乎應請
旨飭下吏部查明該員保案即行撤銷以懲冒濫謹附片陳明伏乞
聖鑒謹
奏

光緒八年十二月初二日奉
上諭給事中鄧承脩奏台臣卑鄙不職贓實糾參一摺據稱都察院左副都御史崇勳素無行檢尤喜與市儈往來等語着派廣壽閻敬銘將所參各節查明據實具奏欽此
上諭給事中鄧承脩奏巡視東城御史載彩聲名惡劣畀以城差必致貽誤地方請飭查參等語着都察院堂官確切查明據實具奏欽此
上諭給事中鄧承脩奏捐復前任中城副指揮高楓居心險狠被人呈控

尙未訊結旋卽緣案降調嗣於北營拿獲盜犯案內復緣保舉補缺
後以知縣升用等語所有該員保案着卽撤銷該部知道欽此

光緒八年十二月十七日奉

上諭廣壽等奏遵查台臣被參各欵據實覆陳一摺據稱都察院左
副都御史崇勳自履任以來於城坊公事每喚司坊官到其私宅授
意多所干預人言藉藉衆論僉同並查明正陽門外永順乾洋貨舖
匾額招牌係崇勳所書該舖開張之日崇勳親往賀喜實有其事等
語崇勳以三品大員職司風憲似此不知儉束實屬有玷台班崇勳
着卽行革職以示懲儆欽此

極陳科場積弊疏

奏爲極陳科場積弊請
旨嚴懲以整紀綱而核名實事竊惟制科之設務在得人人才之興貫乎
植品
列聖以來待士極優防弊亦極嚴有犯法者立置重典而近來地方官視
爲具文應試之士愍不畏法作奸犯科日甚一日有爲意想所不及

若今年壬午科順天與各直省舞弊百出法制蕩然方今時事艱難
人才甚乏自
明詔停止捐納深幸正途得以疏通流品不至混雜至由科目以進者其
弊更甚於雜途若不及早嚴懲則流弊伊於胡底謹就見聞所及為
我
皇太后
皇上陳之
一曰慎簡考官自來考試試差先派大臣公閱進呈再請
欽定而近來與考者爭向公卿投送詩句謂之送詩片閱看者於認詩之
之外又先辨識字迹是以人相糾結約為會課即請現居貴要必派
閱卷之人為之評點次第傳字畫文辭預相習熟臨時更易檢尋故
近來典試視學者往往物議沸騰不副衆望夫其自取不以道更何
望其以道取人其得之不以文更何能責其以文取士臣請嗣後考
試試差皆令糊名易書閱卷者如
殿試例於試日先

簡派入內侍試之次日
派王大臣監試謄寫畢移送閱卷大臣盡一日之力公同取閱於次日進
呈由前派監視王大臣拆視糊名調取原卷恭候
欽定其謄寫則精選各館供事及謄錄或並選六部中書吏嚴加關防細
核偶錯如此則關通者無所施其伎倆並請
嚴飭各部院衙門與考者毋得求各大臣評閱會課借通聲氣有犯必
懲庶幾珊網得人冬烘免誚
一曰嚴懲房薦順天鄉試會試自咸豐戊午蒙
文宗顯皇帝懲創以後關節條子此風頓絕而外省則玩泄如故蓋房官
皆取之州縣凡現任者多不願候補者大半苦累故相率賄買薦卷
其弊在於州縣調簾未考之先考生卽探知取屢次分房及久任該
省者厚贄拜門許以酬賂分房後卽囑家人將該生姓名向彌封所
取紅號通同薦卷此等弊竇以閩廣浙皖爲甚聞浙省又有糾合三
四十人賄薦三四十卷有中者則獨任其費故寒士亦强爲之而房
官之尤不肖者凡遇賄薦之卷更多取不堪之卷並進以眩考官耳

目講之擡轎薦應請
嚴飭各督撫調取簾官必先擇其品行端方學問優長者扃試以後嚴密關防毋許出入犯者一經察覺賣者買者照科場例處決督撫不早察覺從重治罪
一曰精核錄遺攷科場定例八十名取中舉人一名故錄遺錄科皆須嚴加甄別近則氾濫廣收不問良枯以致士子驟增號舍擠擁順天至添設蓬號三千餘座夫以康熙乾隆極盛之時文治昌隆物力豐裕如直隸江浙論大省應試者尚不及萬人近即大難甫平士多逐末遊行市里何以應試者轉多於前皆由錄科漫無區別莠士雜進則奸弊叢生槍替傳遞皆由此起聞順天府有奏請添設號舍之舉無論貢院既無隙地且人衆則聚鬨更易地廣則稽察難周而主考房官祇有此數束簡愈繁魚目愈混此必可不行者也請
嚴飭國子監及各省學政慎核錄科毋得逾額則嘗試者少別擇可精
一曰嚴稽考到國子監於錄科之先有考到以待貢監生之新至者近來京官濫出印結不問其所從來即以廣東言之本省生監冗雜

頗不易取於是臺焉入都臨時僱替槍冒或一手並作數卷或一人連考數場監官既不稽察送考亦不愼核其不肖之結官又或代爲包攬或揣其家富則指爲身家不淸借事詐索則有之從未有當堂指出者如果認眞考錄則監生去取早分何至正場槍冒接踵摩肩駭人聽聞請嗣後

嚴飭出結京官於士子到京必須細察履歷年貌族親鄰里一一相符始爲出結凡考到錄科之日親到認識而國子監於考到一場尤當督飭屬員嚴密稽查認眞甄別其文理荒疏者毋得徇縱濫收其錄科入場者倘有奸犯等事則照例將出結官嚴懲國子監堂官亦嚴予處分其同鄉出結官倘有藉稽察爲名向考生詐索者御史得以風聞參劾庶人知自愛不敢嘗試

一曰整頓謄錄順天鄉試謄錄會試謄錄皆由京外書吏調充字迹欹斜文句脫落往往至不能句讀北五省大率皆然聞河南尤甚而東南各省又有私僱謄錄之弊多以舉貢生員冒名入充場前先與應試者關通私改文字有改至數百字者聞粵省己卯鄉試中出硃

墨不符者甚多換卷換謄不可究詰請
飭順天府府尹及直省督撫精選書手嚴防弊竇並請
旨於鄉會試場添派謄錄對讀各官悉心核對如有私改文字者照科場
舞文律嚴懲有潦草脫失者即加責打而向來外簾官勞苦異常並
無獎敘嗣後請
加恩凡派入謄錄對讀各官俱予加隨帶實級其充謄錄各生亦優給工
食俾賞罰相權人知自勵
一曰整肅場規近來鄉會試寬縱相仍已非一日士子捆載車牽列
書滿屋入闈之日公相往來甬道東西交織如市至交卷日號門一
開互相擾亂凡換卷傳遞皆在此時聞本科順天逢號三千餘人概
不查戳則弊竇可知其尤駭人聽聞者公車京官頂名入場昌言無
忌甚至翰林進士亦挺身爲之視科場爲兒戲棄功令爲具文及今
不懲必爲重禍應請
嚴飭監臨知貢舉大臣整齊士習嚴密關防如有前項換卷槍替情弊訪
拏按律治罪不得故爲姑寬仍前玩泄

一曰嚴行覆試自道光二十四年欽奉
諭旨直省舉人一概覆試申誡諄切立法周詳近則積習相沿閱卷者博寬大之名存苟且之見甚至詩中錯謬文理荒疏概置不問作弊之徒益無所憚聞本年各省中式之士更多以槍替得者中皿尤甚或冒入順天一人而占考兩籍或多携監照一人而混考數名甚有本人尚在上海潛游而姓名忽登中錄者榜發之日物議喧騰應請
旨飭後覆試恪遵
宣宗成皇帝甲辰諭旨認眞考核其文理荒謬者立予革黜並請嗣後錄科考到各卷
飭令國子監堂官考舉嚴密封存俟取中覆試日調取原卷核對如有筆迹不符卽重行究治庶士皆向學可挽頽風以上各條皆近日科場切要之務上關於
國體政治者甚大下係於民心風俗者綦深伏乞
皇太后
皇上俯採蒭蕘斷自

聖心嚴旨釐革求才之本實裕化之原也方今內外大臣狃於因循習爲
寬縱無有肯實心爲
國者科舉爲士子進身之階始基一墮人才瓦裂政化益靡臣區區微
忱不勝激切謹覼縷上陳伏惟
聖鑒施行謹
奏
光緒八年十二月十五日
請殿試易書以重人才片
再國家登進人才以
殿試爲最重而相沿僅取肥重之字頌揚之文千喙一聲以爲合式格
讀卷諸臣又往往各有所私辦認字畫置之前列屢奉
明詔務取切實條對不得拘泥格式而大臣多樂因循便其私圖力守成
見牢不可破惟同治癸亥敕大學士倭仁拔取張之洞卷爲獨破成
格至今藝林稱美此其明驗也竊思
殿試至傳臚爲日甚寬請如臣條陳考試試差之法於

殿試次日精選謄錄供事人員嚴密易書閱卷諸臣專取條對切實文辭博雅者凡二十卷閱定以後至傳臚日調取原卷並呈

御覽恭候

欽定則人材可得而字之工拙亦仍可分慎重科名莫先於此臣查

殿試易書一事同治初年曾經舉人桂文燦條奏旋以禮部藉口成例斥駁不准應請

宸斷施行謹

奏

光緒八年十二月十五日附片

光緒八年十二月十九日奉

上諭禮部等部奏順天府請增建貢院號舍會議覆陳一摺昨據給事中

鄧承脩奏條陳科場事宜請飭慎核錄科等語鄉試錄科送考例有定額近年以來順天鄉試錄送太濫以致號舍不敷嗣後着國子監及順天學政嚴行考核分別棄取毋得稍涉寬濫該部所奏增貢院號舍之處着毋庸議欽此

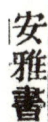

光緒八年十二月二十日奉

上諭考試爲掄才大典功令森嚴即期拔眞才而杜倖進乃日久弊生在事官員奉行不力應試士子賢否不齊甚至作奸犯科僥倖嘗試於人才士習大有關係亟應嚴行整頓昨據給事中鄧承脩奏條陳科場事宜不無可採據稱近來考列錄科每有槍冒頂替京官濫出印結或藉端訛索鄉會士子入闈及交卷日往來攙亂換卷傳遞各情殊屬不成事體着各該衙門並監臨知貢舉大臣實力整頓嚴密關防倘有前項弊端即行分別懲辦毋得玩泄從事仍前寬縱各省鄉試同考官着該督撫遴派品學兼優之員並嚴加查察如有通賄薦卷者照例治罪各省學政錄科送考一體從嚴甄錄毋稍寬濫鄉會試覆試着閱卷大臣認眞考核不得意存遷就其所請添派謄錄對讀各官量加獎叙一節着該部議奏各項考試惟有秉公校閱不在變更成法嗣後殿廷考試讀卷閱卷大臣務當精白乃心詳加遴選力杜情弊該給事中所請殿試及考試試差揀選供事書吏謄寫之處着毋庸議欽此

請飭粤學剗除積弊片

再人才之盛衰根於士習士習之趨向在乎轉移操轉移之權者則學臣也竊見粤省二十年來學臣中品優學粹弊絶風清者惟劉熙載胡瑞瀾章鋆而已然劉熙載章鋆皆不能卒任惟胡瑞瀾始終稱職而不刻考核尤嚴粤人至今頌之其敗壞風氣官親幕友公然賭買闈姓者無如何廷謙貪婪驕蹇者無如吳寶恕嗜好最深關防最疏槍替最多者無如馮爾昌蓋學臣督率稽查事甚煩瑣若嗜好旣深精神疲軟起居無時不惟槍冒難稽卽前後左右之人得乘其間弊端皆由此出如覆試必對筆迹定例綦嚴學臣馮爾昌則自謂禁槍一法莫善於掛牌招覆祇論文理淸通不對筆迹符否此風一開而文童之僱替者遂於場內互相換卷及懸牌招覆該童則重賄廪保許以原槍入替或與該童年貌懸殊者則另覓一槍頂名替覆是考者一人覆者一人聞壬午科試高要縣取錄招覆者六十餘名槍替換卷居其半此覆試不嚴對筆迹之弊也凡爲槍替未有不賄通

認保而潛自入場者粤省槍替弊在府縣考時廩保預報假名多則五六十少亦二三十名迨院試日即將假名令槍替進場得贓多寡悉與均分前學臣胡瑞瀾凡拿獲槍替認派保一併咨部斥革不准開復故此屬稍知斂迹近則拿獲槍替有証據者亦不咨部即間有斥革而貪囊既裕賄串書工旋即開復是以相率效尤益無忌憚此不嚴懲認保之弊也粤中自有闈姓賭局而試場之弊日益雖屢奉

嚴旨飭禁而根株未絕作弊者多以重利餡學臣其稍知自愛者不爲運動則又賄串官親幕友學署書役四出招搖或禁其未買之姓則於交卷時暗藏記號俾幕友從中壓抑名曰禁壓又有一等棍徒探知學臣不對筆迹不懲槍替合湊多金將已買之姓代其出資慫恿該童爲換卷頂覆諸弊名曰杠雞鬼蜮多端不可思議此不嚴密關防之弊也至巡役傳遞則熾於前學臣吳寶恕前次兩題一時同出隨即退堂皆由吸食洋烟不能久坐所留巡綽諸役無非積慣舞弊之人假替考場前先與關通得題後即有詩文送到坐位名曰走生又有正場覆試時巡役以到號搜書爲名實則暗遞文字此不嚴禁傳

遞之弊也以上諸弊臣訪聞最確應請
飭下廣東新任學臣葉大焯認眞整頓剗除積痼使人知畏法士無倖心
則士習端而人才益勵矣是否有當伏乞
聖鑒訓示

光緒八年十二月十五日附片

論京員交結賄賂片

再臣風聞庚辰狀元黃思永素習鑽營人甚委瑣自得修撰告假出
京到處招搖聲名猥劣並聞其在廣東恭遇
孝貞顯皇后大事未滿百日輒易吉服爲香港一洋僧題主得數百金又
向升用道候補知府現署潮州鹽運同方功惠家說親查方功惠由
小吏起家充當督署巡捕官歷保今職屢得優差與前按察使張銑
結爲姻親張銑在惠潮嘉任內該員貪戀著鉄揑稱姪女又私蓄數
萬金放賑盤剝重利官聲甚屬穢鄙此次嫁女外間喧傳奩資至二
萬金其交結賄賂情弊顯然近又囑黃思永革員姚寶勳同在上海
夥買洋房開設妓寮物議紛紜似此濫廁淸班將來進用小則衡文

主試謬種派傳大則僭使服官貪庸誤國其足以辱
朝廷損
聖治者不小應請
飭下該省督撫臣查明一併據實參劾以肅官箴謹附片具陳伏乞
聖鑒謹
奏
光緒八年十二月十五日片

特參大員違旨任情疏

奏爲特參大員違
旨任情請
嚴予懲處以尊
國體而明臣分事竊臣於本月十二日閱邸抄前督臣李鴻章疏請前山西藩司方大湜因感冒風寒繞赴天津就醫未能尅期入都即由津請假回籍修墓並聲明該司歷任廉勤明練官聲均好臣所素知等語不勝駭異臣惟方大湜係奉

旨來京聽候

簡用人員並非直省之官若果有病不能前進則過保定時則應呈請署

督臣張樹聲代奏若能繞赴天津則非病可知且天津距湖南原籍

四千餘里距京纔數百里道里相去懸殊該藩司情殷掃謁能間關

跋涉於數千里之遙顧不能強數日之程途以稍伸依戀乎避

國門而趨權門重私情而忘公議臣誠不解其何心況方大堤起家州

縣由知府不數年而

擢任藩司可謂

恩遇優隆即被人糾劾

朝廷

飭令來京亦始終愛惜人才之意李鴻章身爲大臣若審其被誣亦當俟

朝廷處置然後代爲剖白今乃敘其軍營多年之勞從前聲譽之美亟

亟焉惟恐

朝廷之不用市一己之私恩冀後來之遷擢大臣以人事君之義固如

是耶方今

廟堂之上雷厲風行官嚴吏肅已有澄清之機惟外省督撫監司玩法任
情驕蹇如故其被劾來京稍不如願即中途託病罕有至者即此一
事威令不行已可概見然尚未有
君門咫尺繞道不前辜
恩無忌如方大湜者若不嚴予懲處使鑽營測窺之徒轉相慕效但得疆
吏一語則
詔書皆屬空文臣恐自此以後為臣者不復知有君父植黨者不復知有
朝廷天下事尚可問耶臣愚以為方大湜違
旨任情已失事君之節縱如該督所陳居官微勞亦不足錄況其詭如此
即有虛聲必是巧宦懇請
旨將藩司方大湜交部嚴予懲處並請嗣後奉
旨來京聽候
簡用人員實係患病不前
飭令該督撫勘明始准據情代奏如有飾詞託病別經糾出將該督撫一
併交部照違

旨例分別議處庶
國體尊而臣分益明矣是否有當伏乞
皇太后
皇上聖鑒施行謹
奏
光緒九年二月十七日　　　　即日奉
上諭給事中鄧承脩奏山西西布政使方大湜請旨懲處等語前經降旨
令其來京另候簡用行赴天津輒以患病請假回籍殊屬非是方大
湜着交部議處嗣後來京另行簡用人員如有再藉端逗留不即赴
闕或由經過地方督撫代爲陳請者定將該員及代奏之督撫一併
嚴懲不貸欽此
請查辦粵匪以遏亂萌疏
奏爲粵省匪徒竊發地方官貪庸乖謬諱盜殃民請
飭查明懲辦以遏亂萌恭摺仰祈
聖鑒事竊維粵省高郡所屬毗連粵西陽山濱海同治二年逆賊陳金剛

亂後伏莽尚多煞迭經查拿懲辦猶未敢公然肆惡自高廉道英謙知府鍾秀抵任後凡局紳稟匪均不准理卽獲賊送官亦必展轉開脫甚且指爲誣良以致搶案日多會匪日肆蓋鍾秀則任情乖張喜怒無常英謙則昏庸執拗終日飲酒光緒七年冬間電白茂名所屬地方刼案日出至五六十起其始被刼之家亦間有報案者而前電白縣鄭履端茂名縣姚成熙一經准詞諸勘則必縱容書吏婪索夫價勒令失主改搶爲竊故地方有搶後朋搶之謠或將綑送之賊當堂釋放監生程雲詳在籍知縣李玉麒屢仕院司臬控有鄭履端捏飾瞞詳唆令土匪誣扳爲賊致程雲詳被革拿究自後被刼者皆啞忍不報而賊遂公行無忌矣該縣嗣因事撤任詎接任之茂名縣王之澍貪黷諱盜電白縣之董汝礪偷怠昏庸較前尤甚八年十月間紳士林藹羌聯稟會匪搢列匪首內有赤水司差劉慶通判差役吳貴等糾黨千餘在水湖嶺等處結盟拜會該道府卽札令該縣王之澍查辦通判陸張壽增巡檢陸葆銓因案內牽涉商意役圖縱御該縣亦因稟內有富紳可噬遂提所獲之會匪尤常保等七名間與各

紳素日有何嫌怨賊供狡展遂稟復該道府謂並無拜會爲匪情事皆各紳挾嫌妄稟將抱告發縣押究又覃巴墟局紳招億鰲頭墟局紳梁廣淵等亦同時稟明各處匪徒嘯聚皆被斥不准該省督撫臣已有風聞因委員梁高確查其時賊勢紛紛蠢動自電白茂名以至廣西鬱林州屬之陸川北流延袤數百里間蜂喧蟻聚鄉民日夜遷徙爾該員猶扶同地方官於十二月十四日揑稟謂高郡所屬安靖無匪祇道光咸豐年間該處曾添弟會名目近則並無此事等語詎十六日匪首莫毓林唐丁發莫越林譚日初黃心明等糾黨二三千人潛聚於郡城外之廿四嶺文筆嶺地方先令匪首呂益齋等伏城內應並勾引廣西六靖東華墟等處同時並舉均約定是晚三更舉火爲號襲踞郡城幸城中紳士先期得信稟知該道鎮早閉城門賊知有備旋即遁去搜獲內應賊目五名起出火藥器械腰牌名簿等件供認與莫毓林等結黨拜會謀於十六夜襲踞郡城不諱電白縣匪首吳昌時屈介卿亦糾約匪黨於是夜掩襲縣城刼放監犯都司引兵巷戰斃賊數名各鄉聞急赴救賊始退散一日之內兩難俱發

府城則幾於失防電白則既失而旋復苟非地方官素日諱盜養奸
釀成禍患何至變生倉猝張皇失措如此現聞該督撫臣已派兵查
辦人心稍定惟逆首多係武弁衙役暗通竊結漏網尚多若不澈底
澄清恐乘機復集一潰難收並聞香山新會新安沿海地方亦勾結
蛋戶刧掠聚衆擄勒香山小欖一鄉去年刧案至數十起皆有案可
查民心惶惑控訴無門失今不治日久蔓延必致釀成巨禍應請
旨飭下該督撫臣查明高郡此次地方官釀亂之由從嚴參劾以儆將來
並揀派能員分別良莠認眞整頓其香山等處沿海一帶盜賊充斥
應如何設法緝捕請並
飭下該督撫臣嚴定處分章程不准以空言搪塞庶官吏不敢諱盜而
百姓之身家可保矣伏維
皇太后
皇上聖鑒施行謹
奏
光緒九年二月二十六日

劾高州府縣暴戾妄為片

再臣風聞高州府鍾秀因署任茂名縣到郡知縣王之澍抗不交印途中遇見該府輒用掌批拳毆王之澍踉蹌走回縣署即日交印稟訐該府攔街毒打該府亦稟稱該縣諱盜瞞稟致釀巨案抗印不交各情其暴戾妄為如此則居官臨民不問可知應請

飭下該督撫臣一併查明據實參處以肅官箴謹附片具陳伏乞

聖鑒謹

奏

光緒九年二月二十六日附片

光緒十年二月初五日奉

上諭前據給事中鄧承脩奏廣東高州匪徒竊發由於地方官諱盜養奸並知府鍾秀與知縣王之澍互相稟訐各情當諭令該督撫查明具奏茲據張樹聲裕寬奏逐一確查據實覆奏此案高州匪徒莫毓林等糾衆聯盟圖襲郡城並分竄電白縣城當經文武各員拿獲匪首不致蔓延為患原參地方官貪庸乖謬諱盜養奸各節據張樹聲

等嚴密查訪或事出有因或查無確據高州府知府鍾秀於匪徒滋事未能弭患事先且將屬員負氣毆辱殊屬躁妄前署茂名縣知縣候補通判王之澍於查辦會匪重案漫不經心致貽後患實屬庸劣不職鍾秀著交部嚴加議處王之澍著卽行革職前茂名縣知縣姚成熙電白縣知縣鄭履端失察書吏勒索夫價均著交部議處前署電白縣知縣董汝礪署陽江鎭右營都司鄭廷能於所屬會匪滋事拏獲首要各犯功過尙足相抵著開復原參摘頂處分仍著該督撫飭屬緝捕餘匪務絕根株以靖地方該部知道欽此

謚戍員陳國瑞疏

奏爲已故戍員戰功卓著遺愛在民懇

恩開復原官准建專祠以順輿情以昭激勸事竊在 戍已故總兵陳國瑞賦性忠勇不避艱危隨同僧忠親王轉戰山東安徽湖北直隸河南等省平苗沛霖敗張洛州剿流寇張總愚任柱斬葛小元龔耀諸悍賊國瑞功最多其尤著者則在山東當咸豐十間年兗沂曹三府土匪蠭起號數十萬內則憑巢據穴外則勾結捻首張洛刑往來肆擾

同治二年國瑞率所部二千人進兵沂州攻長城破援賊李成等十
餘萬衆遂克之降仲村賊宋三綱斬其軍師孫化祥旗山望山數十
鄉之賊皆望風乞降逐兗州教匪進首宋繼朋據白蓮池老巢憑恃
險阻列柵數重國瑞督銳卒數十緣崖先登身中數鎗血流被體率
士冒死繼進連破之殲賊萬餘訊釋難民無數歡聲徧野兗沂悉平
教匪滋亂五年官軍屢勦屢撫賊勢愈熾國瑞數千之衆旬月之間
擒渠擣穴巨寇廓清兗沂之人得以安枕者國瑞之力也曾以戰功
洊升提督
特命幫辦僧忠親王軍務曹州之役諸將皆以救援不及獲咎國瑞獨以
受傷積勞免議
朝廷豈有私於國瑞哉錄其忠勇也其治軍用法嚴而自奉約居平無博
奕之戲聲色之娛所得賞賜悉以給將卒用能得其死力所過秋毫
無犯故去久而民益思之然其失在不能克己而好以氣凌人同時
諸將多以忌國瑞者卒以私忿涉訟褫職遣戍在
朝廷賞功罰罪一秉至公使國瑞尚在必當棄瑕錄瑜以收異日之用不

料舊傷復發年逾四十遽爾溘逝身歿之後家無弱子旗櫬蕭條此
天下士所聞而傷心也臣聞明主用人不以功廢法不以過掩功所
以勸武功勵戎士也軍興以來凡積勞病故之員一經臣下奏請無
不立沛
恩施而其間粉飾鋪張或以微勞而見錄或以私交而濫及者何可勝數
陳國瑞幸遇
聖明得奮其智能效行行間位爲上將徒以小過戍死邊荒未蒙追錄死
者不能自列生者莫爲之辭臣竊痛之伏乞
朝廷不忘鼓鼙之念俯施帷蓋之仁湔洗前愆奨其忠力加
恩開復原官量與褒錫俾介冑之臣知所慕義庶激勸之道著於存亡聞
該員謫戍時道過山東父老持牛酒相勞送視其來歸者絡繹於道
又舉人鄭淑詹等六十餘人曾合詞赴都察院呈懇代奏乞
恩以違例不允今陳國瑞已故可否
飭下該督撫臣查明該員立功之處准其建立專祠以順情輿出自逾格
鴻施臣無任悚切懇籲之至伏乞

皇太后
皇上聖鑒謹
奏
光緒九年七月初一日奏
初二日奉
上諭給事中鄧承脩奏已故戍員戰功卓著請量予褒卹一摺已革前任總兵降補都司陳國瑞隨同僧親王格林沁轉戰數省曾著勞績嗣緣案遣戍上年傷發身故著加恩開復總兵原官並將戰績宣付史館以奬前勞該衙門知道欽此
同日又奉
上諭據事中鄧承脩奏已故戍員陳國瑞請予褒卹一摺並非迫不及待之事輒於花衣期內呈遞殊屬不諳體制鄧承脩著交部議處欽此
吏部議照違例令公罪律罰俸九個月例係公罪奏奉
恩旨准其抵銷
論外患日深請下百官廷議疏

奏爲外患日深請
飭百官廷議以定國是恭摺仰祈
聖鑒事竊臣於去秋朝鮮亂定之後即建言宜趁此聲威調集水師特派
知兵大員駐札烟臺詰問球案原欲借球案爲名以罷日本即借日
本以杜西人不悛中山之屋不致邱墟即法人窺伺之心亦可稍戢
而遷延日久坐失事機遂使法人窺我無能恣意蠶食然自夏間以
來道路傳說有謂督臣李鴻章節制三省駐節上海之言藩司徐延
旭統兵出關倍道進援之語而事關機密臣等雖備位諫垣亦徒見
衆情之洶洶無由測識惟竊念
朝廷購鐵艦製器械講求戰守者二十餘年內而樞臣外而疆臣必有
奇謀勝算執戟荷戈紓
朝廷南顧之憂者故不以敢冒言臆說淆亂其間未幾而法人取南定
取河內長驅入越
朝廷絶無處置關外之師逡巡而不敢進者數月惟越之督臣劉義以
孤軍血戰幸而勝之不然越人之北境已爲法人有矣昨者道路傳

言法人襲踞順化阮氏已降國都已覆夫以順化之迫近海澨備禦不脩猶以君臣怯懦其覆亡固宜臣料法人狡獪必因此要挾其君以爲割地講和之說以脅劉義之軍其總統官黃佐炎等皆非傑出之才見國都已覆必將觀望遲回劉義所將精銳不過二三千人久暴露於外內存觀望之心外無强援之救糧盡援絶其勢不支越之全境必折而入於法越而折入於法則因越地用越人開鑛製器練軍積穀較歐州數萬里之調發難易更殊數年之間必將别開釁端爲得寸入尺之計則滇粵之邊防益亟而禍無既日矣所謂一日縱敵數世之患不知諸臣果有何策以善其後也臣伏見
祖宗朝凡有大事必須廷議以博采衆言故謀無不臧事無不舉
國家自通商以來凡中外交涉之件皆欲隱藏諱匿雖貴近之臣亦不令周知及其措置乖方則言之無及前者俄人踞地要求疆臣遂有棄地徐圖之議賴我
皇太后
皇上聖明廣集廷議雖無甚禆補而盟亦卒底於成未聞因廷議而决

裂也今越南之變迫於俄境而大於琉球軍情諱匿士氣不振甚於
曩時伏乞
聖明特詔百官廷議各陳所見采至公之論通拂鬱之情若言無可采則
決之
宸斷庶浮議自息而國是可定矣臣言狂計愚伏望
皇太后
皇上聖慈特賜采納施行謹
奏
光緒九年八月初九日奉
旨留中

請派另大員察看河工片

再倉場侍郎游百川自去冬奉
命察看黃河迄今半載有餘查其節次奏報無非避謗畏難而於疏濬之
法毫無把握前隨帶之知府朱采全士琦皆素諳水利該侍郎並不
虛心參酌俱以不合而去惟聞力持分水之說欲開徒駭馬頰導河

北河北行夫河水所經賴堤爲東若現行河道已築長堤又復分疏兩河引之北行則挖土修堤勞費必加數倍國帑幾何民力幾何且該侍郎籍隸濱州其執意欲開馬頰北入畿輔由馬頰去濱州稍遠是不獨徇一己之私直欲以鄰國爲壑也

朝廷若不詳加察遽令興修靡費勞民後悔無及可否請

旨飭令侍郎回京另

派大臣前往察堪情形據實具奏再行興修以重要工以節庫欵謹附片

具陳伏乞

聖鑒

光緒九年八月初九日附片

光緒九年八月十一日奉

上諭倉場侍郎游百川著即回任山東黃河工程著陳士杰督飭各員認眞辦理以專責成降調按察使潘駿文著交陳士杰差遣委用欽此

請撤銷知府附祀專祠疏

奏爲已故知府馬繩武毫無歧績素行卑汙不宜濫膺祀典恭摺仰祈

聖鑒事竊自軍興以來廣開倖門仕途冗藝幾不足以激勸人才惟易名

建祠之典尚不輕予

朝廷所恃以激士氣勵官箴鼓舞天下之豪傑者惟此而已近則疆臣紛紛瀆請幾於無見雖經臣等參劾而阻玩如故昨閱邸抄見督臣李鴻章奏已故知府馬繩武勤政愛民據情代請附祀道路喧騰傳為姍笑查馬繩武起家小吏素行卑汙善於逢迎擢至道府歷署運使並無政績即如該督所稱掩枯骨捐棉衣修葺文廟添設義學諸舉皆地方官應行之件別無政績可知即謂華洋交涉案件委曲調停此等處勞則今日之巧宦藉以取富貴者皆優為之何功之足云臣曩見該府丁憂哀啟自述受督臣李鴻章培植翼卵之恩歷歷如繪無非卑鄙齷齪之語感恩私室幾不知為受祿公朝形諸啟牘之中尤為無恥固宜督臣之有此舉也或謂紳士合詞籲請督撫據以代奏亦出於輿論之公似可無庸苛刻不知今日之巧宦身家已裕聲氣廣通何難結納一二劣紳為邀譽乞恩地步所謂聯名呈請者非本官之私慝即子弟之營求況津郡為海道通衢距都門咫尺

其居官行事在人耳目間非若窮邊遠徼僅一二紳士所能辨則其
賢否也臣惟馬繩武無救災捍患勞事定國之勳祇以小惠私恩濫
膺鉅典則貪夫巧宦不特可擁富貴於生前直可享榮名於身後公
論不符是非淆混何以風天下而示勸懲應請
旨將已故知府馬繩武附祀之典撤銷嗣後臣工如有奏請建祠附
祀者即
飭下禮部會都察院公同核議分别准駁題覆候
旨施行並永著爲令以重
綸音以昭公道是否有當伏乞
皇太后
皇上聖鑒訓示謹
奏
光緒九年八月二十九日奏三十日奉
上諭給事中鄧承脩奏已故知府不宜濫祀典一摺建祠祀典所以報功
必實係政績卓著遺愛在民方足以協輿情而昭衆許嗣後中外臣

工務當詳核事實不得濫請其有奏請建立專祠及附祀者着禮部悉心核議分別准駁候旨施行鄧承脩所請將已故知府馬繩武附祀撤銷之處即着禮部議奏欽此

論粵省劣幕盤踞片

再

朝廷設督撫以察兩司設兩司以察府州縣其間文移稿件惟幕友得以預知斷無上司屬官一人可以兼司之理粵省積習往往屬員上司同一幕友遇有被劾上控之案必扶同徇隱准駁任情是非顛倒是以小民屈抑益無可控訴如前任惠州府劉溎年任用宋華廷即兼歸善縣徐殿蘭之幕該縣勇丁在所屬雙金地方滋事殺斃賴姓多人被局紳在督署呈控飭令查覆該府聽從宋華廷主使庇護屬官矇稟竟將局紳蔡應林等詳革此幕友扶同之弊臣在籍時所目擊也近則沈彬以撫臣之刑幕而兼廣府兼理事同知其長子沈棪不通例案强薦東莞縣刑席一縣之事皆其主持知縣盧樂戍聲名惡劣如賄釋逆匪馮萬年押斃商人陳阿新押斃平村監生陳炳艮

皆補回銀兩勒令屍親結案差役梁炳在縣滋事該縣亟不究辦反將生員蕭文清管押由武舉過付勒銀二千兩釋回張葉兩姓因賭互毆傷人該縣揑指石龍墟永茂押窩匪勒索銀千餘兩貪汚狠籍道路喧傳訶其細署南海實係撫幕沈彬之力其子沈桐素不讀書冒籍番禺縣中式壬午科舉人係房官候補縣張文翰因前任交代不清摘去頂帶沈彬爲之關說復署番禺縣事其同姓不宗之典當縣沈春輝認沈彬爲親叔與籍隸番禺劣幕姚芝堂曾批受賄爲肉紳民無惡不作其餘布列於各府州縣者非沈彬之親戚即係門徒賡通聲氣包攬詞訟以餽貽之多寡爲案情之准駁盤踞撫署十餘年積產至十數萬金在天平街籌邊街各處置買房屋聚賭窩娼物議沸騰粵省劣幕固不止沈彬一人而聲勢煊赫肆行無忌實以沈彬爲最應請

旨飭下該省督撫臣查明所參劣迹按律懲辦以儆效尤並嚴飭各屬嗣後不得以上司幕友兼充以杜盤踞把持之弊其上司幕友之子弟親戚門徒照職官迴避例一體迴避以肅吏治謹附片具陳伏乞

聖鑒謹
奏
光緒九年八月二十九日附片
光緒十年閏五月二十六日奉
上諭前據給事中鄧承脩奏參廣東巡撫任用幕友納賄招搖毫無聞見
各節業經諭令張樹聲查明具奏茲據奏稱逐欵訪查據實覆陳一
摺裕寬任用幕友沈彬係照舊接用並非任聽盤踞在粵數年嚴核
屬吏籌辦要務亦尚無因循廢弛情事前經因病准予開缺即著無
庸置議幕友沈彬雖查無包攬招搖劣跡惟寄籍本省家有富名招
引物議又聽其長子沈棪充當州縣幕友實屬不知遠嫌著即勒令
回浙江德清縣伊子舉人沈桐與番禺縣學附生沈棪著一並改歸
原籍幕友宋華廷查無指使庇護賺詳情事惟既招物議其子宋壽
嵩係廣東藩庫大使自不准聽其游幕粵省並着勒令回籍與沈彬
父子概不准在粵逗留前署歸善縣知縣徐殿蘭於差役被毆親舉
拒捕一案並未確查輒以約紳匿匪具稟殊屬冒昧前署東莞縣知

卷之五

陳粵省吏治積弊疏

奏為粵省吏治積弊敬陳管見請
旨施行以蘇民困事竊臣前以粵省諸務廢弛官吏素無恩威臨事不足以資鎮壓請
飭認真整頓冀蒙
采擇現值邊防吃緊聞該省團防保甲已次第舉行臣謂此不過詰奸禁暴之一端非致治之本原也昔曹劌論戰以察獄為忠可以一戰可知通下情以求民瘼清吏治以固邊防實為今日第一要務臣不避煩瀆就見聞所及敬為我
皇太后
皇上陳之

一查事不實委員受賄也自冗員充路州縣能自愛者幾何迫而上控大吏屬之道府委之佐貳僚友相質動謂優於例差其事可知即至酷吏枉法劣員諱盜事即上聞名派道府查辦而上官或有親故

巧宦竇緣揣摩又必覘賄賂之豐絀以定是非其委勘得實者百無一
二遂酷吏愈張民怨愈積吏治何從整飭乎應請
飭下該省督撫此後如有應查事件當遴簡賢員途中厚給資斧不得更
受絲毫規費有濫受者即以贓計立予參處庶下情得以上達而百
姓有更生之慶矣
一流寓土著宜禁服官也粵省流寓之人或官或幕或商或復或役
長子孫置田產聯婚媾預料舉仍官粵省甚至父子異籍兄弟同官
平時狎處闤闠聚賭吸烟散布衙署指事招搖一遇有差委與官幕
吏胥紳董相糾結開花喫訟所無不至故粵省仕途冗雜不可爬梳
較他省尤甚應請
飭下該省督撫實力清查其服官人員如有買置房屋父子兄弟異籍同
官許其自首其素無劣跡者准其咨改別省試用其有意隱匿不即
自首者概於本屆計典悉行汰除亦澄清仕路之一端也
一劣幕盤踞宜嚴稽核也粵幕半多土著亦猶服官之久隸粵中仍
稱外籍盤踞把持如臣所參之撫幕沈彬者官場收受節壽動關鷹

禁粵幕脩𦡖豐於天下而節壽更倍之猶且州縣缺稍優者必勒薦
數人坐分薪俸公事上行者必訂明包辦始免指駁廉懦聽其把持
貪劣則為講價蠹政害民莫此為甚
國家掄才自官吏待後以至士人無不巧文覬行幕分不如官而權幾
等官顧漫無考核可乎應請
飭下該省督撫於幕
賓將通省幕友甄別一次土著概令迴避其職汙把持勒薦門徒子弟
者懲辦數人並通飭各屬幕友俱令註明舉主報册存案以憑考察
其督撫刑錢亦不可漫無稽核應請欽遵
世宗憲皇帝特頒
上諭嗣後督撫所延慕客須擇歷練老成深信不疑之人將姓名具題如
效力有年果稱厥職行文吏部議叙授之職位以示砥礪庶佐治得
人不至以濫竽敗事
一貪吏苛罰宜嚴開脫也納贖本之至微而罰則由百而千而萬不
問是非不分曲直謂充善舉甚矣而害甚烈所罰非命案株連之平

民即盜賊遠颺之孱戶一經波累蕩產傾家盡役分肥劣紳染指所謂善舉者八千而出一有贓之實無贓之名其題參私罰者大率贓私之不可諱匿而曲爲罰脫者也應請
飭下該省督撫此後所屬如查有藉查案私罰飾爲善舉者立即糾參不得以贓非入己曲爲開脫

一諱匿刼盜宜援案糾參也粵省寇盜累經勦辦而沿海州縣尚多伙搶刼案纍纍甚至省垣白晝搶奪擄掠大吏亦無可如何至於外府州縣恐關考成雖控而不問百姓知控之無益而增累遂不首控況被盜之家力能自控者已十不二三控而通詳不諱爲竊者又百不一二制屬之盜案命案並不通詳即詳而撤參亦不過微員末弁而監司大吏直可置身事外遂使盜風日熾民氣益悍其不因緣爲亂者直俟時矣應請
飭下該省督撫嚴申諱盜之禁此後地方官遇有刼案不詳一經尋官指參從嚴治罪其督率之臬司鎮道請照山西撫臣張之洞奏定成案如任盜賊橫行不能督捕有司諱盜不能舉發即於照例題參疏防

之外將臬司鐘道先行專摺嚴參其府廳州縣所屬境內刦盜頻聞案情重大緝捕力不者亦於照例題參之外從嚴特參著爲定例庶官弁不敢諱盜而百姓得以安堵矣

一械鬬殺傷宜嚴定處分也粵省械鬬之案始於潮屬蔓延廣惠皆上下隔閡詞訟曲直不分寃抑無訴遂激而械鬬土匪乘間麇集千百爲羣名爲幫槍兩造悉聽該匪指揮雖有悔禍之心亦不能自主焚燒擄掠鷄犬一空殺斃逃亡傷心慘目地方官諱匿不報及至糜爛之後乃從容委員勸諭傳集左右親鄰爲勸息名曰議和殺傷無論多寡主謀之人買兇作抵名曰頂兇委員夫役供應悉出於鬬家擇肥而噬名曰勇費含糊率結而幫槍之土匪早已遠颺殺人之眞兇從不擬抵伏查定例州縣官將械鬬之案諱匿不報或改作共毆謀毆分起開報者俱革職又承審官將主謀之兇徇縱不行查拿輒將頂兇之人定擬完案即照故出入人罪律參革治罪定例綦嚴而粵省向來鬬殺斃命之案層見迭出皆含糊率結諱匿不報未聞地方官有因此獲咎者其玩視庇縱即此一事已可概見應請

飭下該省督撫嚴飭各屬申明舊例如遇有鬥案地方官諱匿不報私和牽結及銜縱主謀冒兇頂替等弊別經發覺將該管官照例參革其幫槍之搶匪把持擄掠尤為不法應一併嚴拿照強盜得財律治罪庶官弁不敢視同膜外而兇徒知儆矣

一捕拿盜匪宜禁焚屋也粵中營弁捕匪率先焚屋意在懲盜不知適以滋盜蓋猶有棲止則潛歸易獲尚有繫戀則遷善可期若不緝真賊止於焚屋該匪計無復之不得不盜又甚甚者盜之宗族祠宇亦脅以焚燒為勒交計亦為詐贓計或賊已遠颺猶勒令族人懸賞或數百或數千名為花紅此皆出自良懦之民室家聚處無可逃避只得吞聲含氣典產以償夫設兵本以衛民乃官不能治盜而肆意焚燒不能捕盜而責民懸賞民羅於賊復擄於官使富者益貧貧者益瘠不盡驅之為盜不止豈

朝廷設兵衛民之意乎應請

飭下該省督撫嚴飭此後營員辦匪止宜捕拿真身不得以焚屋了事不得恫喝匪族借焚屋以詐贓更不得以賊遠颺勒令族人懸賞波及

無辜違者嚴參此亦止盜之一助也
一官員庇賭宜申明禁令也粤省盜風甲於他省賭風亦熾於他省因賭而貧因貧而盜飢寒則迫爲寇賊其勢然也故賭一日不禁則盜賊日滋奸邪弗止則小沿途截刼大則聚衆抗拒農工商賈惴惴焉不得一夕安寢所謂團防保甲亦只屬具文耳故爲粤省吏治計惟有先嚴賭博之禁以清盜源或謂文徵收規武弁包庇已成積習豈能驟革臣愚以爲在地方之得人否耳卽以近事徵之前惠州守李用清銳意禁賭匪徒斂迹地方晏然及其去也而賭復熾此則行法在人之明驗也應請
飭下粤省督撫申明禁令嚴飭各屬員幷互相稽查不得稍有賄縱違者一併嚴參年終考核卽以所屬地方有無賭博以定優劣其土豪惡紳有敢阻撓包庇不遵約束者立卽查拿懲辦百姓雖愚彼見官不徇情役不收費又安肯以身試法立蹈刑獄
以上八條皆臣在籍時所目擊爲粤省數十年來之積痼儻蒙
俯如所請

飭令逐件清查禁革大吏一分振作即小民一分受賜其他如命案之
株連釐卡之需索關稅之留難荼毒非空言所能盡責者亟當隨時
指參以爲粵民請命是否有當伏乞
皇太后
皇上聖鑒施行謹
奏
光緒九年十一月十六日
劾京控命案拖延片
再臣聞廣東海豐縣匪首宋紀欣等刧殺生員余一枝一家六命一
案其始由該縣知縣蔡逢恩札令余一枝交出該族曾匪余世忠等
誣該縣受賄縱釋該匪遂糾黨百餘人執持槍械刧殺貢生余煥文
生員余一枝等一家六命搶奪空一經屍親余昭文控驗在案嗣因
委員迫勒改供案久不決經御史奏參奉
旨着劉坤一張兆棟查明據實參奏該督撫始終並未親提全憑委員饒
世貞一面之詞含糊率覆迄今又隔七年仍未奏結世貞與

該縣誼屬姻親同鄉素好承審此案堂訊屍親余昭文等三十餘日押禁嚇勒改作挾嫌鬬殺俱詞詳院爲該縣規避處分地步以致案懸十一載不結一人臣查此案該縣蔡逢恩果有諭令余一枝勒交該匪余世忠之札旋復釋放無論有無受賄原詳是否鬬殺刼殺而庇惡縱兇致斃一家六命巨案百喙難辭乃該督撫不惟不將該縣撤參反派署博羅縣優缺饒世貞與蔡逢恩同鄉姻婭於奉

旨飭查重案自應呈請迴避乃僅憑該犯供詞始終迫勒其結其意存袒庇可知似此徇私蔑法縱惡殃民任意拖延毫無顧忌宜粵省之寇盜日滋吏治無從整飭也應請

旨飭下該省督撫臣將縱兇致斃多命之前任海豐縣蔡逢恩先行參革訊明有無受賄情弊從嚴治罪委員饒世貞派審此案並不避嫌始終庇護應一併查明懲處並請

旨嚴飭該督撫臣懍遵前

旨親提此案人證虛衷研鞫不得再有拖延以重民命謹附片據實糾參伏乞

聖鑒謹

奏

光緒九年十一月十六日附片

張樹聲等奏遵

旨籌議吏治保甲並查辦生員余一枝等六命案整頓究辦奉

旨覽均悉仍着該督撫隨時認真整頓嚴杜弊端務期吏治日有起色毋得徒託空言海豐縣生員余一枝等命案即着飭提犯證余致祿等解省嚴審迅速定擬具奏餘依議該部知道欽此

請罰捐巨欵以濟要需疏

奏為廣東餉源匱乏之請

旨責令貪吏罰捐巨欵以濟要需事竊臣恭查乾隆年間遇有貪吏無不罰令修城築河以重庫欵如敢規避譴責從嚴具欽

聖世懲貪垂誡後來之意東廣向稱繁庶十數年來貪吏輩出朘削百姓飽歸私家者不知凡幾現當餉源匱乏之尚書彭玉麟在兩淮鹽商處借撥銀一百萬督臣張樹聲在香港洋欵二百萬兩均有成議臣愚

以爲
國家財賦所入祇有此數東挪西補其勢易窮責令貪吏罰捐巨款以儆
不虞持論既公於理亦順且使通省大小官員各知儆戒不蹈前車
豈獨廣東臣民之幸哉臣謹就平日所聞贓私最著者如已故總督
瑞麟學政何廷謙前任粵海關崇禮俊啟學政吳寶恕水師提督翟
國彥鹽運使何兆瀛肇羅道方濬師廣州府知府馮端本潮州府知
府劉桂年廣州府知府張丙炎南海縣知縣杜鳳治順德縣知縣林
灼三現任南海縣知縣盧樂戌以上各員家皆本寒索自官廣東後
遂得巨資若非民膏即是國帑馮端本寄居京師買置房屋百數十
間劉桂年張丙炎何廷謙之子均在揚州天津充商辦鹽崇禮俊啟
皆窮奢極侈在人耳目凡此皆該員等貪劣之明證粵之士民婦孺
無不周知痛恨若使安坐無事淫享終身不特無伸
國威亦無以抒衆憤應請
特旨責令各該員及故員家屬分別罰捐巨款交該省督撫存收姑免嚴
譴以示

朝廷寬大之恩以備邊防緩急之用臣目擊時艱內有天良外采公論
國不敢輕加誣衊亦不肯稍有怨嫌用敢據實密陳仰懇
宸斷如以臣言爲過伏乞
特派大臣密查將各該員在粵居官聲名若何在籍寄居有無屯積貲財
廣置產業如臣所參據實覆奏請
旨飭辦責令罰捐巨款以裕餉源以懲貪污臣無任迫切之至伏乞
皇太后
皇上聖鑒訓示謹
奏
光緒九年十一月十八日奏十九奉日
上
諭給事中鄧承脩奏請旨責令貪吏罰捐巨款以濟要需一摺據稱該
給事中所聞贓私最著如已故總督瑞麟學政何廷謙前任粵海關
監督崇禮啟俊學政吳寶恕水師提督翟國彥鹽運使何兆瀛肇羅
道方濬師廣州府知府馮端本潮州府知府劉溎年廉州府知府張
丙炎南海縣知縣杜鳳治順德縣知縣林灼三現任南海縣知縣盧

樂戊皆自官廣東後得有巨資若非民膏即是國帑等語著派彭玉
麟將各該員在廣東居官聲名若何確切查明據實具奏
十年二月十五日奉
上諭前據給事中鄧承脩奏請飭責令貪吏罰捐巨欵當諭令彭玉麟將
所劾各員在粵東居官聲名若何確查具奏茲據該尚書查明覆奏
已故總督瑞麟在任有年勦平匪黨曾著勞績並無貪私實跡自可
無庸置議已故學政何廷謙前任粵海關監督崇禮後啟學政吳寶
恕水師提督翟國彥鹽運使何兆瀛肇羅道方濬師廣州府知府馮
端本潮州府知府劉溎年廉州府知府張丙炎南海縣知縣杜鳳治
順德縣知縣林酌三或業經病故或早經離任既無丁書可訊亦無
專案可推均難指其贓私確據朝廷政尚寬大既往不咎均著免其
置議現任南海縣知縣盧樂戊前在東莞縣任內被劾有案其調任
南海亦多物議著改以教職銓選　後大小臣工務各潔己奉公廉
隅自勵倘有貪婪劣跡一經發覺定從嚴懲辦決不寬貸將此通諭
知之欽此

請電懲廣東貪吏片

再廣東吏治貪黷雖屢經督撫言官先後叅劾而積痼傳染輾轉效尤去任者慾壑既盈則現任者貪饕益肆如現署鹽運同方功惠貪鄙近利臣在籍時即聞有無方不開厰之謠本本潮屬雨水照常並未報荒該運同詭詞將鹽課奏銷展限意在侵漁現時經費支絀該督臣運使不顧國課遽行賫清其素行營鑽可知候補知縣徐殿蘭前任茂名縣於民人陳亞九毆毋架害伊本族陳燦信一案縱兇害良士人至今稱冤任歸善縣拜認本屬知府劉桂年為師生代捐花翎藉以獻媚復因案詐索方始羅始多贓在雙金地方縱勇滋事殺斃賴姓數人蹤詳率結嗣在興甯縣任內聽信門丁鄧輔堂葉東山等賄賂公行因鎖拿廩生𥕛姓一案城廂內外舖戶四千間同日罷市紳民在道署控告該縣知衆論不容恐被叅劾遂先行告病復謀得晉省賑捐保舉銷假營謀差使現任海陽縣知縣胡鑑不通文理前充丙子科鄉試同考官令胞弟胡欽辦作跟役入闈閱卷任南海縣擅將官地賣作洋人輪船碼頭居民切齒又為通省虧空最多之

員其得補海陽缺係巳非藩司姚覲元之力候補通判陳嵩壽入稟粵籍曾應考番禺童試在省垣兩幡街私置房屋辦理善後局多年聲名惡劣前代理歸善縣知縣王序賢於朱楊氏揑控伊子朱丁保被林姓捉禁一案該縣親到平山墟籍案捉押監生林湛然詐索銀一千八百兩隨役詐索銀三百六十兩始行釋放又索倉庫房陋規不遂親到譚姓家內勒迫市人環睹不顧官箴署茂名縣王其恒於光緒六年因重徵錢糧縱差鎖拿監生程儒彬該監生呈出糧串該縣知縣係重徵並不將房差懲辦又舉人梁文龍等等呈請裁革陋規奉署高廉道批准立名石該縣袒庇書役冀飽私囊謂事有窒碍禀府批飭遂擱不行以上數員皆就臣所知貪劣之有據者而言此外偏隅下邑凌虐小民身受荼毒呼籲無門尚不知凡幾伏乞嚴飭該省督撫按照臣所參各款重懲一二以儆其餘是否有當仰祈聖鑒謹

奏

光緒九年十一月十八日附片

閏五月二十六日奉
上諭前據給事中鄧承脩奏參署廣東運同方功惠等貪劣各款當諭令
張樹聲倪文蔚查奏玆據奏稱查明該員等被參各款據實覆陳並
分別劾參等語代理廣東歸善縣知縣王序賢於朱楊氏控案既將
監生林湛然拘押並不審究虛實分別詳辦輒行釋放現據林桂常
等供有該員及跟役人等勒去銀兩情事其親至典吏譚福祥家查
非因索取陋規起衅惟據典吏譚然驟等各供呈繳銀兩均應澈底
根究王序賢着即革職歸案嚴行訊辦海陽縣知縣胡鑑在南海縣
任內查無擅將官地賣作馬頭惟不親勘河道詳查輿情遽准發給
照示殊屬荒謬胡鑑着即革職候補通判陳蒿壽仍世居粵歷當局
差巧於營謀不洽輿論着以府經歷縣丞銓選署運同候補知府方
功惠查無貪鄙近利實據鹽課奏銷因災奏請展限向非託詞現已
交卸回省着張之洞倪文蔚悉心察看如果不堪造就即行參辦前
署茂名縣王其恒查無重徵錢粮等款惟於房書將已過割粮戶漏
未注册扣除毫無覺察咎實難辭王其恒着交部照例議處餘着照

所議該部知道欽此

論大臣貪汙溺職片

再臣風聞阜康銀關閉大學士刑部尚書文煜存銀至七十餘萬兩之多都下喧傳詫爲異事伏查文煜歷任內外

恩遇優隆二十餘年毫無建樹議者祇謂該大學士才識庸闇尸位無能而已今贓私已露欵項纍纍顯係貪汚所致核其情狀非止庸闇已也

朝廷若謂大臣養尊處優自應致富臣不敢知若欲整齊百辟使大法小廉則文煜身任協揆有表率庶僚之責此事豈不可問臣伏覩近日言事諸臣搏擊貪邪不遺餘力然皆以查無確據率覆今文煜所存該號數至七十餘萬兩之多有賬冊可稽諒難欺飾應請

特旨派大員查明確數究所從來據實懲處以爲大臣貪庸溺職者戒謹附片陳明伏乞

聖鑒謹

奏

光緒九年十一月十八日附片

十一月十九日奉

上諭另片奏阜康銀號關閉大學士刑部尚書文煜所存該號銀數至七十餘萬之多請旨查明確數究所從來據實參處等語著順天府確查具奏欽此

二十五日奉

上諭畢道遠周家楣奏遵查阜康銀號文煜存款一摺據稱查該號票根簿內有聯號開列銀四十六萬兩第一號上註明文宅字樣除前江西布政使司文輝呈請究追阜康銀款十萬兩稱為文煜代爲經手外其餘三十六萬兩簿中祇註文宅字樣等語著文煜明白回奏欽此

二十六日奉

上諭昨據畢道遠周家楣奏遵查阜康銀號文煜存款數目當諭令文煜明白迴奏茲據奏稱該尚書由道員升至督撫屢管稅務所得廉俸歷年積至三十六萬兩陸續交阜康存放等語所奏尚無捏飾爲數

較多著責令捐銀十萬兩即由順天府向該號商按照官欵如數追
出以充公用欽此
劾運使貪邪片
再臣聞廣東鹽運使周星譽嗜好甚深在臺諫時聲名素劣任廣西
左江道昏眊廢事經前撫臣劉長佑撤省嗣復夤緣同任督帶營勇
及督辦收支局侵蝕甚鉅赴運使任時私攜稅貨數船經厘局盤獲
設法銷弭其在學所傳鄙穢之言臣不敢形諸奏牘該運使雖無地
方之責而廣東鹽綱積弊甚深若以此等昏庸貪劣之員總司其事
勢必舞文納賄日益壞法且所屬鹽員數百人相率營私鹽政將益
不可問應請
旨立予罷斥以肅官邪謹據實糾參伏乞
聖鑒
光緒九年十一月十八日片　奏奉
上諭前據給事中鄧承脩奏參廣東鹽運使周星譽嗜好甚深在廣西左
江道任內侵蝕甚鉅赴運使任時有私攜稅貨等情當諭令張樹聲

等確查具奏茲據張樹聲倪文蔚奏周星譽被參各欵或並無其事或查無確據惟精力暫敝任事爲難等語周星譽前已開缺著即休致該部知道欽此

請另揀大員查辦以杜徇瞻片

奏爲府尹聲名平常請
旨另揀大員查辦以杜瞻徇事臣恭讀本月十九日
上諭給事中鄧承修片奏阜康銀號關閉協辦大學士刑部尚書文煜所存該號數至七十餘萬之多請旨查明確數究所從來據實參處等語著順天府確查具奏欽此仰見
聖明剔除奸弊整飭官方欽佩無已惟查府尹周家楣與胡光墉及阜康鋪夥汪姓往來甚密此次阜康倒閉周家楣親帶兵弁夜往查封舁去衣物凡大箱中城御史以查封官物例應點驗該府尹不令揭視徑舁而走道路喧傳謂該府尹實寄存銀七萬餘兩携歸作抵是以密令該鋪夥到順天府署投案極力爲阜康設法彌縫夫以地方大吏督率員弁於億人廣衆之中公攖私寄不恤人言暱比大駔因緣

爲利核其情狀應在查辦之列又何能詰問他人勢必至與文煜商量扶同欺罔此臣之所以一讀再讀而不能自已者也伏望

聖明特簡公正大臣並將該府尹一併查辦使諸臣貪黷之私得以水落石出

國法伸而紀綱肅臣不勝幸甚伏乞

皇太后

皇上聖鑒施行謹

奏

光緒九年十一月二十二日

劾府尹吸食洋烟片

再臣聞周家楣在總署行走多年居心巧詐嗜好甚重同列皆知久爲洋人所鄙笑官員吸鴉片屢奉

嚴旨申儆凡在臣工有嗜好者自應痛改前非而該府尹玩視如故誠如

聖諭云陽奉陰違不知悔懼者也總署爲外人交涉之地任劇事繁似此貪庸豈堪尸位其如何嚴予懲處之處伏候

聖裁謹附片具呈

光緒九年十一月二十二日附片均奉

旨留中

劾言官挾私逞忿疏

奏爲言官挾私逞忿摭拾揣摩請

旨嚴懲以肅風紀事臣竊惟

朝廷廣開言路原冀其屏去私心獻可替否有裨時艱若徒事揣摩借章奏以展其巧詐甚至胸懷愛憎摭拾誣陷則法在必懲竊見給事中鄭溥元參奏編修尹琳基貪鄙苛刻縱酒滋事其事之有無

朝廷已飭掌院學士查明具奏將來自有公議無俟臣言都喧下傳該給事中原參懷挾私忿意在揣摩臣以言路攸關覆閱再四見其摭拾瑣事立言鄙俚至衊該編修以土棍之名欲行驅逐回籍等語恣行辱罵該給事中與尹琳基誼屬同鄉素相往來在於人情不宜有此臣因遍加訊訪咸謂尹琳基向人說鄭溥元收受江西巡撫潘蔚山東巡撫陳士杰臬司林述訓饋贈雖屬交道之常身居台職不應

濫交如此此語頗聞於鄭溥元大意因謂將來必有以報又在稠人
廣衆中向外官道貧云非藉外官饋送不足以自給尹琳基常折其
非鄭溥元由此深怨疾毒然尚未敢輕發也去年引
見坊缺道路傳言謂大學士寶鋆習向人言汪叙疇因被劾有案尹琳基
亦好飲酒臧否人均未能勝任此等浮言原不足據乃鄭溥元有意
揣摩謂尹琳基之未即擢升實由於此臣伏念
朝廷用人原不拘俸次若謂該員因此見擯其餘九人資俸在樊恭煦
之上者豈皆有劣蹟同為擯棄耶鄭溥元果何所見而云也夫寶鋆
位儕首輔進退百寮當先其遠者大者何至以酒食語言之過而阻
人仕進之階况尹琳基係寶鋆保列一等之員果有滋事劣蹟自當
隨時糾劾如其賢則舉之知其不肖則劾之大臣事君固應如此豈
有公薦其賢而陰持其過故臣謂道路之言寶鋆必不出此也至謂
尹琳基若任講官必先妄談國事顛倒是非尤為謬妄夫人臣建言
孰公孰私豈能逃
朝廷洞燭近日御史如黃兆檉英俊諸人皆以營私受賄被議

朝廷未嘗稍事姑容然斷未有逆料其妄談而預防其仕進者鄭溥元乃欲以此中樞臣之忌意謂尹琳基一經彈劾必將廢棄終身其居心險狠又不止揣摩迎合已也且人誰無過至於飲食語言皆見掎摭人懷自危之心必開攻訐之漸豈

朝廷整飭官方之意耶請應

旨將給事中鄭溥元先行交部議處並

嚴飭科道等官凡有參劾皆當屏去私心不得如鄭溥元揣摩迎合挾私逞忿違者必嚴予懲處庶言路清而官方愈肅矣臣為整頓風紀起見是否有當伏乞

皇上聖鑒訓示謹

奏

光緒十年正月十八日奉

旨留中

二十八日奉

上諭前據給事中鄭溥元奏參編修尹琳基貪鄙苟婪縱酒滋事各節嗣

經給事中劉承修奏參鄭溥元挾私還忿等情先後降旨令翰林院
掌院學士都察院堂官分别查奏玆據翰林院奏稱尹琳基被參各
欵雖無實據惟其人性情粗慢不矜細行致滋物議都察院鄭溥元
參奏尹琳基一疏任意吹求迹涉私嫌請旨懲處各等語尹琳基鄭
溥元名列清班宜如何束身寡過精白無私乃種種謬妄實屬不能
稱職尹琳基鄭溥元均著休致欽此

劾疆臣喪師辱國疏

奏爲疆臣謬玩辱國喪師罪無可逭請
旨從嚴懲處以伸
國法事臣惟破格用人者聖主之苦心信賞必罰者國家之大律竊見
唐炯徐延旭二臣以道府外吏不一二年間上躋封圻外遮邊帥中
朝士大夫幾疑
朝廷用人之驟然自髮逆蠢起擾亂東南
文宗顯皇帝知人善任一時巡撫如胡林翼李續宜等皆以營官驟膺不
次之擢卒能削平大難克成厥勳如二臣者才能相埒頗有虛聲

朝廷愛惜邊材畀以重任雖昧知人之明尚非有心之失及唐炯不待
諭旨率爾退師致令越軍失援山西淪陷罪狀昭然矣我
皇上赫然震怒宜於此時聲其專命之罪正以失律之誅法及一人羣師
悚息乃僅予薄譴仍促進師徐延旭聞之以爲邊臣得罪罪止摘頂
而已革留而已始則驕蹇若忘乃遷延坐視山西之陷未幾北甯之
師復失覆轍相仍人無鬪志誠恐自茲以往沿邊諸將藐玩
朝命皆唐炯也望風逃遁皆徐延旭也雖有堅城誰與爲守雖有利器
誰與爲用軍法逗留畏懦者斬主將守城不固守而棄去者皆斬自
古及今未有賞罰不當功罪不明而能克敵制勝者以臣觀之唐炯
於守綿州時頗著勞苦然器小易盈騁其逸足屢誤事機所謂泛駕
之馬定施羈勒者也徐延旭眞妄人矣守梧州時所禽馘者不過一
二猓丸胠篋之輩其著越南圖說於方向道理尚且懵無黑白又大
言自詡爲知兵年近七十嗜好痼深所謂臃腫之木無當斧斤者也
朝廷不察遽委以重寄以新造之卒當乘勝之師措置乖方北甯之敗
國不待智者而決矣雷擊霆駭事會之來正在今日伏望

皇太后
皇上怵已敗之由爲未然之計既合潘鼎新出關督統諸軍以圖規復必當治唐炯徐延旭失律之罪以儆效尤若謂唐炯小有才能棄瑕錄長亦宜解任交岑毓英差遣戴罪立功倘仍愎違即正軍律不得再邀寬典至趙沃久在粵西馭兵無律惟利是圖黃桂蘭素無威望性多疑忌前坐觀山西之失擁衆不救所稱協助劉軍新練四營歸唐景嵩統帶者實則任意扣留握兵自衛此次潰師北甯不守情罪尤重應令岑毓英確查請
旨即於軍前正法
朝廷一震之威明及萬里伸國典以振軍心在此一舉臣不勝激切待
命之至伏乞
皇太后
皇上聖鑒謹
奏
光緒十年二月二十九日奉

旨留中

統籌兩粵邊防疏

奏爲統籌兩粵防務敬陳管見恭摺仰祈

聖鑒事臣竊見近者山西北甯相繼淪陷越禍日深粵防益亟凡有血氣莫不撫膺痛恨志切同仇臣惟用兵之道未慮勝先慮敗然後進能戰退能守未有前軍一蹶後無應援遣將徵兵動延時日而能計出萬全者也夫以法人犬狼之性併有越南豈肯端然自守必將大肆侵掠爲得寸入尺之圖索賠兵費之舉自臣觀之沿邊之患廣西急於雲南沿海之患廣東急於他省誠以廣西則迫近敵氛廣東則素稱腴富也爲今日計莫如

特命兩廣總督張樹聲統率淮軍出駐廣西南甯一帶聲息既通軍威亦厚萬一前敵失利即令其統師前進兵既迅速事不張皇張樹聲於上年法越搆兵即慷慨陳請出關義形於色且曾撫粵西與潘鼎新共事有年彼此必能和洽前廣西提督馮子材蒞粵西十餘年功勳宿著熟悉邊情徒與徐延旭齟齬遂甘廢棄可否

飭令該員招募舊部隨同張樹聲協理參贊防務彭員志行侃直必能
竭忠盡慮無負
厚恩兩廣總督事繁任重應
飭令彭玉麟署理並須
嚴旨訓勉毋令固辭現署水師提督方耀優於將略衆情悅服乞
特授以欽差幫辦之任俾使位望稍峻指揮自易土兵客兵聯爲一體
總兵鄭紹忠鄧安邦素稱饒勇更懇
傳旨嘉獎以勵士心海濱武臣得邀
天語自當感激效命矢死靡他廿年來粵軍得力號稱此三營惟方耀能
和之乃能統之客將雖强不能相習彭玉麟固先已言之矣事不遑
一轉轉移閒而張樹聲控制南激應援不難彭玉麟專力東省事權
尤一方耀鄭紹忠鄧安邦或蒙拔擢或荷褒嘉於邊防海防土兵客
兵各得其任是否有當伏乞
皇太后
皇上聖鑒謹

奏

光緒十年二月二拾九日奉

旨留中

請並建親賢疏

奏為時艱孔亟請並建親賢以維國本恭摺瀝陳仰祈

聖鑒事伏以法越搆兵邊軍潰退

朝廷赫然震怒失律有誅薄海人心同深悚息本月拾三日特奉

硃諭別簡樞臣斥退舊輔復於譴責之中曲寓矜全之意四十日復奉

懿旨軍機處遇有緊要事件會同醇親王商辦等因欽此我

皇太后

皇上上念宗祀下維國計萬不得已之苦衷已可共白天下矣惟臣鰓

鰓之愚竊以善為國者當立權以制變善用人者不因短而廢長揆

時度勢

朝廷令醇親王進參機務固不必因分位而稍避嫌疑惟恭親王輔政

多年一旦罷散投閒在

朝廷亦爲矜惜且國家之用親藩與大臣異大臣有過黜罷之已耳親
藩則與國同休戚苟有過必裁抑之曲成之毋使終於廢棄而後安
恭親王久資
倚畀其才識早在
聖慈洞鑒之中第以更事過多趨避大熟誠如
懿旨所云委蛇保榮因循日甚然其諳練明聰廷臣中罕無與匹也
朝廷若許其自新責其改過仍畀事權在醇親王秉志忠誠素性友愛
必能遇事和衷即恭親王經此大
嚴飭棄短取長亦當仰體
聖懷力圖報稱臣區區一得之忱伏願
皇太后俯念親賢深維國計用醇親王之忠誠以肩其鉅用恭親王之諳
練以理其繁或以參贊內政或以懷柔外交庶於共和夾輔之道不
無裨益臣賦性直戇夙荷
優容値此時艱旣有所見不敢遂自塞嘿伏惟
皇太后

皇上知臣無黨察臣無私恕其狂愚曲
賜采擇豈獨微臣之幸抑亦天下之幸謹
奏
光緒十年三月二十三日奉
旨留中
急籌戰守議
奏爲敵情叵測請
嚴飭督臣力求實在把握急籌戰守免墮奸謀恭摺仰祈
聖鑒事本月初六日恭奉
上諭近來越事益亟迭諭沿海諸臣妥籌戰守適據李鴻章稱電法國水
師總兵福祿諾令稅務司德璀琳面呈信函請准從中講解等因欽
此
朝廷以保境息民爲心未嘗非計
飭令廷臣悉心詳議仰見我
皇太后

皇上統籌全局詢及細微際此時艱臣等何敢故爲高論上瀆
宸聰惟詳閱李鴻章摺件有愚心所未盡喻者竊惟謀國必量事勢制勝貴審敵情若不辨其爲嘗試之詞猝然見信未有不墮彼奸謀而沮我士氣者夫法人自據山西以破北寧攻太原旬月之間戰無不克其輕量中國可知法不和於山西未失之前而和於北寧既失之後有是理耶德璀琳中國一司事耳福祿諾亦該國水師一偏裨耳既無國書之重又非公使之名其意以爲我兵新破而特爲此不根之言以窺吾虛實我若允其所請是不折一兵不糜一餉已坐享其利矣拒之彼必以修好爲辭則曲歸於我臣等聞法兵雖勝而數月勞師集餉勢已不支又北圻新定其民未附安知非懼我增兵大舉而故爲此要挾之詞且李鴻章果以和議爲可恃耶自各國通商以來邀求恐喝無歲不有我强則和約可保我弱則和約皆虛即如該督臣所據德璀琳函稱兵費可以免議而又慮法爲强國議院持論每有異同難保無傾邪生事之徒別創新議或要我以不能行之事是該督臣前後所陳已毫無把握他復何所責哉至所云不損國體不

貽後患不過強爲粉飾之詞夫越南屬我藩封二百餘年一旦不臣
不貢拱手與人所謂國體者何在山西北甯盡歸法人而我不圖規
復縱使盡疆無險可阨滇粵豈能自守且使英俄各國援吾怯弱易
與必環覦而起其狡猾如福祿諾者何可勝數若皆以兵船相脅
朝廷將若之何此乃禍患之始臣不知疆臣又果有何策以善其後也
夫以今日之事勢揆之兵疲餉絀息民保境未始非旦夕之謀惟歷
觀前古敵國外患未有不戰而能和者李鴻章治兵二十餘年不以
喪師辱國爲恥乃云起自田里託爲審勢量力持重待時之言以文
其愛身誤國之罪此臣等所爲痛恨而不能已於言也臣愚以爲李
鴻章身任畿疆任專責重當董督諸軍力籌戰守如法人果有悔禍
之心乞和修好亦須體驗實情不得以敵國游移無據之詞遽賚
宸聽懇請
特旨密諭李鴻章就其原摺所陳此次和議條約中分界通商何者應行
何者難准兵費是否必能免商福祿諾德璀琳所稟是否該國公議
逐一指陳如果所云不貽後患不損國體該督臣確有把握

朝廷意在息民原不必責以戰事若有迂延反覆等弊是該督臣巧爲
嘗試國法具在自問能否當此重咎
飭令據實覆奏並請
嚴諭沿邊沿海各督撫臣力籌守禦一面留以可和之機一面示以必戰
之局庶不致臨事倉皇進退無據一誤再誤致墮奸謀所有臣等會
議合詞具陳緣由伏乞
皇太后
皇上聖鑒謹
奏
按此摺光緒十年四月初十日聯戶科給事中李鴻逵刑科掌印給
事中秦鍾簡工科掌印給事中鄔純嘏京畿道監察御史汪仲洵掌
江南監察御史何崇光江南道監察御史吳峋廣東道監察御史陳
錦浙江道監察御史吳壽齡掌雲南道監察御史丁振鐸銜
請留總兵以重畿疆疏
奏爲海防吃緊總兵忠勇素著宜暫留駐守以重畿疆恭摺仰祈

聖鑒事竊以法人鴟張邊事屢挫
朝廷俯念邊防以總兵唐仁廉署理廣西提督並飭令迅速赴任自聞
明詔朝野上下皆謂非宜在臣思之實亦未便臣聞備禦之計先在擇人
兵之勝負全由處置竊見總兵唐仁廉賦性樸忠臨敵勇敢曾隸提
督鮑超部下戰無不克功勳卓著自調守北塘以來治軍嚴明實爲
津海諸軍之冠現值和議未成兵船已至大局是否決裂即在目前
直海爲畿疆門戶較之滇粵輕重懸殊緩急亦異正宜調將集兵爲
固守本根之計北塘去鎮南萬里唐仁廉將率其舊部以行耶則萬
里調師已有迫不及待之勢若令隻身赴粵則兵不習將將轉無可
統之兵且津海除淮軍之外別無勁旅倘一旦防海各軍或有意外
之變譁潰之虞何以制之
朝廷此時自應統觀事變內外合籌豈可因一事而部署乖方因一隅而
掣動全局應請
旨將廣西提督唐仁廉改留北塘以資鎮壓以固本根抑臣更有請者
國家駕馭英才原不分文武但察其忠勇樸誠不避艱險者即當畀以

專權如前總督楊遇春提督楊芳等皆以武臣總統綠營故能克平羣寇所向有功邇來唐炯徐延旭等皆素無寸績徒恃刀筆口舌驟膺顯擢貽誤邊疆而馮子材諸人或以勳望恥爲文員所制多懷顧慮此皆用人不當前事之失也

朝廷若允臣所請仍以唐仁廉留駐北塘即乞

密旨詢問該總兵在直沽日久情形熟悉所統一軍兵力稍單此後應如何增兵扼險足資捍禦之處唐仁廉確有所見隨時許以專摺奏聞不必由直督傳諭以示優異

朝廷有格外之恩該臣必有碎首之報實於目前大局有裨區區愚見是否有當伏乞

皇太后

皇上采擇施行謹

奏

光緒十年四月十四日

密陳問敵之策疏

奏為熟審敵情密陳間敵之策恭摺仰祈
聖鑒事竊臣等於十六日在内閣恭讀
諭旨並令臣等閱看李鴻章與福祿諾所擬條約及往來問荅等件據目
前情勢似於
國體無傷惟敵勢既蹙我宜持之以堅敵情太急我尤宜應之以緩臣
承修已聯名恭摺上陳矣其間尚有所得可以少助萬一者臣聞善
料敵者必察其情偽之實能知彼者乃可制勝負之謀外人自通中
國叵測多端歷次所訂和約忽增忽改此次法人侵越兩月之内連
陷數城在彼可謂遂志矣豈有先倡和議就我範圍如今日之速且
易者以臣愚料之一則便後日之誅求而誘我以和也一則因今日
之困敝而緩我以戰也請即就臣等所聞為
皇太后
皇上一一陳之法人前為德國所敗創鉅痛深國事皆出議院兵餉皆
由商貸越南之役彼國額兵本難遠出因添招大富浪沙兵及漆甲
黑人各千餘名數為劉義之軍所挫傷過半原訂殺斃一名償銀五

百元今冬夷日索賠費法人力不暇給因有賠人不賠錢之說其困敝一也法總統剛必得前乘晋法之亂驟握專權覬覦得位爲國人所不服調兵籌餉動拂商情若稍堅持數月彼必情見勢絀内變立起其困敝二也法人前據嘉定六省今忽增數省疆土日闢備多力分增兵則力有所未能兵少則不足以守而日虞我師之至且北圻新定其下未親其民未附僞無有效忠赴義如劉義者揭竿號召赴與爲難其困敝三也越南暑濕水草毒惡轉瞬夏秋之交瘴癘驟發彼軍遠來卒不服習死亡必多四也法夷數敗之後以重利餌沿海粤民令充前敵訂明月給銀九元開仗則日加二元自去年十月後法商人心渙散餉源匱乏延不支發只以牛腩乾糧分給度日兵士憤極思亂其困敝五也有此五敝宜其和之速而且易也

朝廷若遽許其和彼得以其暇日修守戰製器械通商開礦積穀練軍爲後來攻取邀求之計所謂養虎遺患此有識之士愛國之人所爲寒心而不欲其急者也臣聞此次法夷所恃以破劉軍者皆沿海客民緣兩廣邊界與粤毗連欽廉一帶前因土客構衅客民安插未妥

窮無所歸遂致爲敵所用粵人競尚武勇且與外洋相習最爲夷人所畏亦易爲夷人所誘彼隨時可招即隨地皆賊與其去之以資敵曷若誘之以攻敵爲今之計惟有主緩和之議以破其狡詐之情俾反間之謀以斷其招練之路臣竊見雲南昭通鎮總兵何雄輝勇而有謀初隸老湘營王鑫劉松山部下轉戰滇黔粵楚三十餘年素爲督臣岑毓英所親信且直隸粵東邊要激要既稱諳熟客民言語又復相通臣等素悉其人究心邊務與之論及越事去冬曾遣人潛入敵營探聽見客民被脅者萬餘人受其荼毒皆積忿思變祇以外無援兵未敢輕發因建言以敵攻敵之策立論頗中窾要蓋客民從逆實非本心廬墓室家皆在故里若潛遣客民機變能任事者由欽廉小路假作商販暗往敵營密爲勾結我軍駐邊界遙爲應援一俟機緣立時舉發擒渠侵穴在指顧間或即不效敵人自相屠滅既無我國號衣在彼斷難藉口且使彼族知我國人心萬難脅服不敢再事招徠如此則戰固必勝和亦無傷誠今日釜底抽薪之奇計也臣等同爲粵人習知客民情勢察其議論可行用敢具摺密陳倘不以臣

言爲謬即請
密飭該總兵何雄飛迅往兩越邊界專招客民數營或爲外援或爲內應
嚴密佈置惟一面權宜籌度一面函達岑毓英會同商辦所募客勇
仍歸該督節制惟不必令其先赴滇營以免稽延以防洩露臣等亦
知和議已有端倪何敢故爲異議惟既深明敵國之困敝又宜防他
日之誅求且敵情狡獪議戰議和頃刻萬變謹備一策區區之愚恭
候
聖明采擇再此事既關機密乞
飭樞臣核奪後無庸發交總署閱看以重軍謀伏惟
皇太后
皇上聖鑒謹
奏
光緒十年四月十九日奉
旨留中
按此摺聯國子監司業潘衍桐銜

卷六

謝授內閣侍讀學士恩摺

奏爲恭謝

天恩仰祈

聖鑒事本月十九日奉

旨鄧承修補授內閣侍讀學士欽此竊臣草茅薄植嶺海凡材始策名於

西台繼備員於左掖未嫻讀律曾十載之爲郎旋荷

錄名備一麾之出守値此時艱孔亟言路廣開遇事敷陳愧乏涓埃之

補撫躬循省實荷

天地之容茲復仰沐

殊恩補授今職幸

經帷之陪侍得近

鴻幈懍

綸閣之趨蹌益虞蚊負叨榮非分聞

命滋慚

拔擢已異於常人圖報更難于稱職惟有憚勤夙夜力矢冰淵誓堅終始
之心少答
生成之造所有微臣感激下忱理合恭摺叩謝
天恩伏乞
皇太后
皇上聖鑒謹
奏
光緒十年閏五月二十一日

劾刑官讞獄失平疏

奏為刑官挾持成見讞獄失平請將全案解京覆訊並嚴緝劣幕歸案
以伸冤抑恭摺仰祈
聖鑒事竊臣恭讀本月初二日邸抄湖北勛西縣廩生余瓊芳身死一案
經刑部侍郎孫毓汶工部侍郎烏拉布奏明定擬欽奉
上諭論治如律並將承審各官分別懲處仰見
朝廷明慎用刑至意但查該侍郎所奏與臣平日所聞有大相逕庭者

方此案初起時不過民與民訟旣而守令互訐臬臣提審則官與官訟及至言路糾參部臣出鞫前後異供出入異罪則部臣與外吏相持議論益岐而案情益幻矣臣於此案出入不敢臆決惟就臣平明日所聞證以該侍郎等所奏摘其可議必當覆訊以成信讞者爲我

皇太后

皇上陳之伏查此案初起因鄖陽府知府承祿鄖縣知縣彭世翰與鄖西縣知縣謝翼清所稟傷供不符釀成巨案查謝翼清所報曰無傷毒而彭世翰覆驗則率塡至十一傷且云有毒矣彭世翰之出此以仰體承祿意旨而然承祿之授意則幕友丁子亭從慂所致風聞該幕與已死余瓊芳爲狎遊密友嘗以桑濮之事託謝翼清爲之盡力該令不從遂成嫌釁適遇此案決計翻異鍛鍊刑逼以快私仇書吏王士俊等已自誣爲驗後灌毒獄辭已具矣及謝翼清稟請提審于必達指名控告經由督撫飛檄嚴提歸案審辦而丁子亭情虛畏罪逃匿來京與御史屠仁守相見行其膚受之愬飾成市虎之談該御史以爲誼關桑梓冤在下民遂馮一面之詞迭次入

奏是此案寬結兩年蒸檢二次株連榜掠係累多人皆丁子亨一人爲
之今守令各官並皆獲譴而首先造意搆成大獄之人轉得置身事
外此必當覆訊者一也孫毓汶等辦理此案實由隨帶司員周景曾
一意羅織該酷吏小人險躁喜事其意以案譴
欽派必當以翻異見長故於出京之先早已預存成見此次疆臣請
命
朝廷簡員本爲檢驗屍傷而起該侍郎等銜
命入楚自應先行覆檢再訊確供乃聞該侍郎等四月十八日到鄂五月
初七日始行檢驗未驗以前周景曾等提取各犯先用酷刑拷掠十
餘日逼令成招尚未開棺傷毒之有無一無所見而欲人犯先自誣
服實從來讞獄所未聞及覆檢之時刑部仵作喝報並無原驗傷毒
惟顖門偏左有一血廕亦非打傷當經周景清大聲呵叱令其認眞
再看仵作仰承意色乃轉報係囟下部虛軟受傷所應是周景清必
欲造報一傷爲酷刑翻案地步已可概見檢驗以後日事刑求刑杖
皆違例自製數倍於常用者每四十杖氣幾絕矣復以香火燒鼻碎

磁墊膝非刑榜掠前後五十餘日一切人證拷而死死而復甦者數矣周景清等乃於諸囚垂死昏憒之時誥以有無鬥毆情事諸囚含糊應答于証張奎則始終言無打降鬥毆情事且言若要吾供除非打死滅口該員竟以衆供確鑿具獄古稱周納之酷何以加此且聞孫毓汶與烏拉布亦復互有異同司員四人遂有烏黨孫黨之目甚至公堂拍案攘臂詬爭孫毓汶以刑逼太嚴慮乖情實意欲送部審訊而卒爲烏拉布及周景清所持率行奏當夫孫毓汶以同事之人尚若不慊於心欲行送部則周景清等之造成冤獄尚復何辭此不可不覆訊者又其一也總之此案前所奏者未必盡得確情今所擬者實未可據爲定讞近來都下人言嘖嘖冤憤同深臣僅摘其可議者如丁子亨係于必達等指控之人鄂中督撫臣嚴緝在逃之犯該侍郎等於此案干証株連蔓引敲扑垂斃者十餘人牽連破產者數十戶而原奏於丁子亨無一語問及可議者一近來凡有

欽派案件類皆虛衷研訊不事刑求原以折服人心永爲定案乃該司員等暴若虎狼該侍郎彤同木偶逼勒供狀妄用非刑生員劉德鈞

把總陳延英杖之見血鄧枝茂年已七十掌責墮齒此皆事外無辜之人也至于瑞堂王士俊張奎等竟體無完膚日夜無停杖似此濫刑違例何以服人可議者二人情莫不避重而就輕非罪在必死豈能忍死受此酷刑今此案已定王士俊責革而已于必達充發而已于瑞堂雖絞候仍未遽死也使非實有沉冤誰能忍九十餘日屢瀕於死之刑而避此不至於死之罪乎然猶曰兇犯畏罪堅不肯承也若干証十餘人可謂無罪矣服則免於刑不服則幾於死諸人於于瑞堂親非骨肉情等路人設非實無打降鬥毆情事諸人不肯自昧天良証成死罪肯捨其手足肌膚熬萬死一生之刑爲他人脫罪哉可議者三夏四呀子乃案外牽出該侍郞所據以定此案之人也聞鄖陽府提訊以案株連至十一人之多當時果有夏姓晁子余錫五何以不控于瑞堂等何以不供宜俟欽差熬審月餘茫無所始得提一案外之夏四呀子到案即供可議者四知府王庭楨寫給屍子據實呈情四字已獲咎矣乃此次檢驗屍子余錫五當堂具結先以結底呈司員闞者周景清曾輒動筆添入毆傷字樣屍子照稿呈堂孫

訴汝仵作並未明詩何傷汝父死時汝又未目擊何以知是毆傷趣
令敢爲夫同一代屍子擬秘王庭植則罪關景曾則否何以服人可
議者五彭世翰原塡之十一傷均驗無其專即令據以定案之顖門
左血癊一塊是否即彭世翰原驗之左脅踢傷所應洗冤錄既無明
文仵作口報亦無左証是十一傷全涉影響而原塡之酒毒烟毒更
屬虛誑其爲挾私故入人罪毫無疑義原奏乃稱彭世翰於原驗拳
踢各傷尙無錯誤夫彭世翰之僅僅自解者亦不過左脅一傷耳今
云各傷不誤不知除偏左血癊外復經驗出何傷耶該侍郎等歷法
徇情昌言無忌何以復人可議者六且刑官執法一出一入斷無調
停中中立之理今該侍郎訊辦此案已大致與彭世翰相符則該令
理應開復不當復罪也既與卞寶第不合則該督臣爲偏執該司道
爲謬誤自應嚴行參劾又豈止於議處而已乃同己者不敢明爲伸
雪異己者亦惟薄予創懲豈非內愧於心既天理之難誣復人言之
可畏遂調停其間爲此模棱了局乎可議者七原奏又謂司道皆執
洗冤成案殊屬拘牽等語是謂洗冤錄不足憑也伏念洗冤錄一書

乾隆年經律例館修定後
欽頒直省各問刑衙門永遠遵守百年以來折服刀校晰疑似惟此書是
從今該侍郎等挾持私見必欲証成左脅一傷遂謂
欽頒之書爲不足憑而轉以仵作遊移之口爲足據顛倒謬妄一至於此
可議者八以臣之闇見短淺例案生疏就其所知者言之已逐條可
議如是何怪罪囚泣血平人籲天道路嗟吁搢紳憤歎伏見我
皇太后
皇上仁民好生矜恤庶獄迭經
嚴飭各省地方官不得濫用非刑謬執成見
聖訓煌煌所宜恪守該侍郎等係
特簡查辦之員自應仰體
慈懷倍加詳慎虛衷研鞫務得確情乃任聽屬員非刑逼供羅織成獄使
無辜之民横被楚毒不能自明何以服輿論而示至公相應請
旨飭下湖北督撫臣將全案人証卷宗併余瓊芳屍棺妥解來京由三法
司會同檢驗詳細研鞫並將被劣幕之丁子亨嚴拿務獲歸案審訊

澈底根究以成信讞臣爲重刑獄起見是否有當伏乞
皇太后
皇上聖鑒訓示謹
奏
光緒十年六月十八日
請豫戒邊軍儲機立應疏
奏爲夷情狡詐請
旨豫戒邊軍儲機立應以重兵謀而維大局事竊以法人貪狡藉詞背約
恭讀閏五月二十四日撤兵
明詔
朝廷俯就而曲全之者至矣乃忽言兵費忽言卹欵忽而七日忽而十
日虛詞恫喝凡在臣工無不痛心疾首賴我
皇太后
皇上燭彼奸謀堅持定見臣料法人亦當知難而退矣乃狡謀未遂觀
望徘徊

朝廷未聞別有措置臣恐決機不早後患方殷譾竭愚忱少助萬一臣聞良醫之治病也必先審觀病源知其所以受病之處而後可得而治法自爲普所敗民貧商懲政出多門北圻之役聽信流丕浮言內奸從慂師徒喪敗本有悔心及我坐觀成敗劉永福以孤軍見挫山西失守北甯潰敗始有輕量中國之心乃

天威震怒失律見誅遣將增兵軍心稍振法又懼吾大舉遂以和餌我

朝廷誤聽李鴻章之言欲以含糊了局而遽許之彼益窺我無能上下怯弱矣然尚慮邊軍未撤牽掣於西未遑於東於是有諒山一役藉詞背約而馬建忠李鳳苞赫德諸人輸情獻媚潛結勾通以挾制

朝廷恐赫總署遽下撤兵之

詔便法人無西顧之憂遂敢悉其精鋭盡力於東爲索償兵費之舉夫自山西失守該虜即揚言攻瓊州踞臺島實未嘗以一旅相加豈非自揣其力之不足而恐我兵之躡其後哉然則邊兵未撤法人以和誘我邊兵已撤法人以戰脅我法之所利與中國之所患其大較可知矣臣愚爲今之計惟有豫

飭邊軍用以攻爲守之策則我可以得志而沿海之禍可紓蓋法人據有
西貢悉力經營近則蠶食北圻毗連我國駸駸乎有反客爲主之勢
矣外人措置處處踏實有守無失是其所長處處分兵顧此失彼是
其所短查其戰艦東來大如巴夏爾小及三板根舶等綜計各口岸
不過三十餘船大者可載三百人小者或數十人率皆囂然無實所
以鎮撫越南者在此所以恇擾我中國者亦在此今着電
諭張樹聲統率淮軍由東路進逼海防別令何雄輝招客人爲奇兵由欽
廉小路進王德榜統湘軍由中路進攻北甯而令唐景崧率所部爲
前鋒岑毓英率劉永福出保勝由西路進閒劉永福軍雖少挫而氣
不衰且心懷中土與法人誓不俱存即乞
朝廷優其官爵䘏其死傷厚其兵食率所部規復山西部署已定仍候
朝廷指揮一旦決裂即
諭令疾馳出關法人兵艦全在中國洋面迷祿帥越夙失軍心我
以三路進兵乘虛蹈瑕則北圻必震動孤拔利士卑等所部只有此
數欲徵國兵則緩不濟急欲召募土勇則將不習兵欲遂棄越取閩

則閩已有備進無所得退無所歸勢必轉棹回風保全成局即謂我
水軍不足以制其死命臣料紅江以北必非法人有矣所謂批亢擣
虛攻其必救者此也或謂法人據有越南守備甚密孤拔師船近在
馬尾指顧之間餉開兵釁進攻越南豈能牽掣不知五虎口沙濤甚
惡閩省雖戰船不備張佩綸素有膽畧非法人虛聲所能恐赫者就
海疆稍有挫失而我但能出兵殺敵掠地攻城以所得償所失不猶
愈於坐以待困耶臣亦知兵兇戰危何敢以一得之愚妄談邊事倘
邀
天之福畀我範圍大局幸甚黴臣幸甚或豺狼無厭終出於戰豈可茫無
措置復蹈前轍是以不揣冒昧披瀝愚衷伏乞
皇太后
皇上聖鑒采擇施行謹
奏
光緒十年六月十八日
請速諭疆臣進兵以杜奸謀疏

奏爲法人首敗盟約宜早決大計速
諭疆臣進兵以杜奸謀而伸義憤恭摺另陳仰祈
聖鑒事伏讀本月二十二日
上諭以法人藉口爭衅堅索巨欵本月十五日攻佔臺灣鷄籠口岸已令
劉銘傳督率防軍迅將鷄籠攻克昨據陳寶琛電報請乞下樞臣統
籌全局等因欽此臣以此舉係天下安危諸臣受
國厚恩敵愾同仇議戰議和自當衷諸一是乃游移兩可議論紛岐臣
雖愚戇不識事機豈敢以苟且雷同昧心誤國臣聞自古有天下者
安邊禦敵未嘗不欲計出萬全而實未有萬全之策勢不能也然聖
名賢相卒能轉敗爲功百戰百勝者在知己知彼而已以臣觀之敵
謀雖狡敵情已露臣竊爲三策以決大計伏候
聖明俯賜采擇夫法之長在水戰我之長在陸戰船堅砲利轟擊及遠此
西人之長技也險道隈仄利刃相接則我所擅而法所敗今法人攻
據鷄籠舍舟己登陸棄其所長用其所短欲進則爲我軍所挫欲退
則爲各國所輕兵少則不足以守兵多而勢又不能分擾各口且懼

我閩浙戰艦援兵大集進退排追覷其照會惟恐福州之開釁而不
得議和彼亦自知其力有所不足矣且彼所恃者西貢東京之援耳
我若以三路之師急攻越南彼將自救不暇又焉得有如許之兵以
阻吾漕運哉臣料法人為臺軍所挫情逼勢見不出旬日之間必將
求成於我然後我以重兵屯越南使彼內有所忌而後沿海之禍可
紓即沿海之兵可滅此策之上也其次則分兵為守敵來則戰敵去
不追然備多力分彼以數千之衆綴吾十萬之師曠日持久師老財
匱利害與吾共之此中策也若夫以餉絀運阻為慮不敢言戰使敵
人得窺此意以戰脅我以和餌我不折一兵使我坐輸八十兆之鉅
欵彼得藉以經營越南蠶食滇粵其禍可勝言哉且一國得氣四國
垂涎英俄日普又將環視而起償之無力拒之不能索償不已勢必
割地割地不已則其禍更有不忍言者彼時雖食議者之肉而噬臍
何及是謂下策是謂無策臣伏處
望廷既未指揮滇粵進兵而閩浙之師船又不敢阻其進口任聽法艦
往來而不敢問是戰已不能守亦不可今雞籠已失事決裂凡在臣

民無不痛心疾首思得一戰以報
朝廷而諸臣建議未聞發一謀決一策惟嘖嘖以餉竭運阻爲憂苟一時之暫安昧無涯之後患夫歐洲去中國數萬里法人不以餉絀爲慮中國之視法人有主客勞逸之殊而反爲所制謀國之無人可知
奏臣以疏遜孤蹤不應妄持異議但
國家安危所係事機一失後患無窮用敢不避狂瞽之誅伏乞
皇太后
皇上俯察臣言早決大計速
諭疆臣進兵以杜奸謀以伸義憤臣不勝悚惶待
命之至謹
奏
光緒十年六月二十四日

請專委任以責成功疏

奏爲邊事日亟宜亟進攻以圖規復專委任以責成功恭摺仰祈
聖鑒事竊見近者法人因要挾不遂率其兵艦直犯馬尾我軍不無折損

而殺傷亦足相當法若舍舟登陸棄其所長乘勢進攻福州我以長
門馬尾各路之師扼其歸路俟援兵四集可聚而殲也臣意法人鑒
於基隆之失必不出此幸而脫險不過揚兵海上謅其西貢東京之
守兵希圖再舉而已臣伏見
朝廷前者諭令滇粵進兵以爲牽掣實爲目前第一要著但進攻宜速
事權宜一若遷延不決必誤事機昨閱滇粵奏報皆以接奉前
旨撤兵進關爲詞又云沿邊士卒傳染疾疫死亡甚多恐滇粵各軍出關
尚須時日惟劉永福一軍尚據保勝與山西逼近且所將兩粵邊民
百戰之餘習其水土又吏部主事唐景崧去歲隻身入越贊畫劉軍
卅入鋒鏑力挫法人
朝廷已嘉劉永福之忠勇令所部迅圖恢復復
令景唐崧招集囘營協同進勦
聖謨宸算指授悉合機宜臣等尚復何說惟訪聞劉永福之爲人沈鷙勇
悍所謂跅弛之士難施羈勒自隸滇軍後意見參商常懷鬱鬱聞督
臣岑毓英入奏亦謂該提督軍無紀律難以策馭此卽意見不合之

明徵查岑毓英自出關以後畏懦葸縮毫無佈置未嘗一挫敵鋒今若令劉永福唐景崧等仍隸滇軍進退拘牽所謂縶騏驥之足而責其奔軼豈不難哉臣愚欲乞

朝廷特詔唐景崧速行召募足其糧食迅即出關與劉永福併力攻戰軍中事宜特准其聯名專摺陳奏所轄將弁有奇才異能或打仗出力之人准其隨摺保薦萬里之外人自爲戰軍情不至隔閡疆吏不得阻撓委任旣專收功自易若謂該提督等係屬武員必須節制蹈常習故動輒拘牽使忠憤之心扼於懦夫之議干城之氣屈於刀筆之前且師出無功敵必輕我越南之兵勢不振則沿海之敵燄益張大局攸關用敢披瀝愚忱出位妄瀆伏惟

皇太后

皇上察納俯賜施行再北圻邊境遼濶必須滇粵數路進攻同時並舉分其兵勢爲劉軍犄角方克有濟查粵軍惟王德榜久習邊事胆畧實優於潘鼎新而日久不遷不無觖望現値用人之際宜稍加遷擢以示優異諒山之役該藩司遏抑兇鋒爲越南防兵第一次勞績其

出力傷亡之將弁亦乞
特旨令該撫查明從優奬邺以勵軍心是否有當伏乞
聖鑒謹
奏
光緒十年七月十三日奉
旨留中

請飭令吳淞炮臺炮船合力夾擊法船片

再近聞法船駛出閩海聲言上犯吳淞該國領事猶有預戒我軍勿先開炮致壞和局之說毒謀詭計綏我軍心實堪痛恨臣惟馬尾之役我軍小挫實緣開炮在後殊失先發制人之道務乞密電
嚴飭曾國荃陳寶琛於該炮船入口停碇時立令炮台炮船合力夾擊務爭先著勿蹈前轍庶不至爲狡猾所紿謹附片密陳伏乞
聖鑒施行謹
奏
光緒十年七月十三日奉

旨留中

謝授鴻臚寺卿恩摺

奏爲恭謝
天恩事本月十三日內閣奉
上諭鄧承脩著補授鴻臚寺卿欽此竊臣猥以菲材叨蒙
渥眷由郎曹轉歷科垣洊臻內閣侍讀學士涓埃未效愧悚方深茲復蒙
荷
隆施陞授鴻臚寺卿憶
寵命之初頒攺秩纔經一月忝司儀之驟轉超資何止三遷感倍難名
恩寔逾格伏念鴻臚爲引禮之官卿長有率循之責羅條白職縱乏承
而隕越堪虞儐贊九賓恐溯典而趨蹌未習如臣弇鄙懼弗克勝惟
有永矢恪共倍加敬慎冀荅
鴻慈於萬一勉伸蟻悃於
九重所有感激下忱理合共摺叩謝
天恩伏惟

皇太后
皇上聖鑒謹
奏
光緒十年七月十五日
辭總署兼銜疏
奏爲總署事煩責重微臣弗克荷任懇
恩收回成命恭摺瀝陳仰祈
聖鑒事竊臣於本月初一日奉
上諭鴻臚寺卿鄧承修著在總理各國事務衙門行走欽此聞
命之下五中慚悚不知所措竊以總理各國事務衙門交涉中外任事責
專外睦鄰好內揚
國威誠如
聖諭所云非體用兼備能持大體之員不足勝任臣之弱劣何以克當臣
聞察能而授官者明主之權衡量力而受任者人臣之直節故官無
曠職動必有成自法夷搆釁背理逆天人神同憤

朝廷指揮紓畫宵旰焦勞出在臣工皆當效命竭忠受
恩如臣豈敢安逸自甘希圖諉卸但臣賦性蠢直與物多忤職非慮遠才
不識人凡所敷奏率皆據理直陳並非熟悉外情留心公法若
朝廷用臣不察其非臣處之不以爲過希榮昧進曾不知寵任既濫其
涯顚覆亦隨而至臣何足惜有辱
天眷前轍具在豈可復蹈伏乞
聖慈俯鑒愚忱收回
成命仍令臣得追陪卿貳隨事納言臣感此逾格之
恩必當力圖報稱不避嫌怨少負初心且人各有所能臣少習武事長
慕馳驅際此多事之秋正臣子捐軀之日
朝廷若不以臣爲不肖俾就武職令統領偏師執戟荷戈出入鋒鏑雖
赴水火所不敢辭伏冀
皇太后
皇上察其言實由衷事非矯飾用臣所長憫臣所短收回
渥命別簡賢員臣不勝感激屏營之至謹

奏

光緒十年八月初三日

謝授總署兼行並瀝陳愚悃疏

奏爲叩謝
天恩並瀝陳愚悃仰祈
聖鑒事竊臣昨以總署事煩責重未能勝任恭摺上陳冀蒙
慈鑒本月初三日奉
旨鄭承脩著毋庸固辭欽此聞
命益懼撫心增媿伏念臣樗櫟庸材一旦畀以重任
隆恩異數近古所無詎忍以矯飾之情更蹈罪戾但誠忤
天威恐處非所宜用逾其量曲從則懼誤國固辭則臣惟有恪遵
温旨暫時供職留心學習勉策駑駘一俟海波不揚邊塵少息仍當守臣
素志退避賢能儻徼氛不靖疆埸需人仍乞
天恩允臣前請使臣得以效力行間及時報稱庶獲免於非辜冀少伸於
私願所有微臣感激下忱理合恭摺叩謝

天恩伏乞
皇太后
皇上聖鑒謹
奏

光緒十年八月初四日

請派大員節制軍務以一事權疏

奏為統籌越南軍務請
旨派威望最著之大臣節制兩省以一事權恭摺仰祈
聖鑒事竊以法人先踞越圻復擾閩海
朝廷特命滇粵兩帥分道出師原欲批亢擣虛攻其必救乃數月以來諸將多懷顧望或以水溢告或以瘴癘聞或曰傷病過多或曰餉糈日絀遷延觀望類多不實不盡之詞臣細繹奏報旁采見聞而知其弊一在將帥之不和一在事權之不一即如劉永福梟將也而岑毓英以紀律繩之且有閒言矣王德榜宿將也而潘鼎新以意見區之即懷退志矣湘淮之軍夙習行陣而不知地利粵桂之卒熟知風土

而不洽將情畸重畸輕或進或退所謂連兵進討者僅覃修綱黃守忠等一二偏裨之隊方友升周壽昌千百挫衂之餘近惟蘇元春一軍進剋陸岸頗振軍威而旁無勁旅後無重援脫有不虞滇粵必震大可可慮綜計兩省主客防兵不下三四萬而兵與兵不相習將與將不相能統帥疆臣又復觀望遲徊各懷畛域階前萬里臣實憂之臣竊見髮逆搆亂一時名將多隆阿鮑超等各以小故輒起猜嫌卒賴胡林翼曾國藩示以大義處以平情卒萬萬衆一心克平寇亂軍志曰易於三軍難於一帥言成敗禍福之所關甚鉅如此也臣愚欲乞

朝廷特簡一威望素著之大臣如彭玉麟等

隆以將軍之位號督辦兩省征南軍務令其統率親軍輕車倍道剋日出關不必招募新兵轉稽時日即就關外所有兵勇整齊號令申儆嚴明無論湘淮滇粵及劉團新集之軍總以開布公誠賞信罰必聲威所至壁壘一新然後簡軍實厚餉需聯衆情除積習庶可以言守可以言攻顧或謂海氛正亟似不宜改調重臣遠圖南服臣粵人也豈

不計慮及此但環顧內外諸臣剛果血誠不避艱險天下所共信者
惟彭玉麟一人如以粵海需人向煩
聖慮則乞
諭令前督臣楊岳斌馳往廣東接辦其人雖剛果不及彭玉麟而樸誠勇
敢則
聖明所洞鑒也臣竊觀今日之大勢敵能來犯我不能往攻敵能疲我以
肆楚之謀我不能撓敵以救魏之策我以沿海萬餘里設防而不足
敵以兵輪十數號擾我而有餘惟此越南一隅彼此腳踏實地步我
攻則彼救我得則彼失戰事之終始兵機之轉圜實繫乎此此臣所
以每飯不忘者也事關安危區區愚忱有所見當不敢遂自塞默伏
乞
皇太后
皇上聖鑒謹
奏
光緒十年九月初五日

保薦使才將才以備采擇片

再刑部主事楊秀實爲前陝西延綏鎮總兵楊昌泗之孫以武臣世蔭忠義奮發勇而有守縱其才氣足當一面前參鮑超營事尤爲前督臣楊岳斌所器賞此禦侮材也方今戰事孔亟統領需人可否特交楊岳斌曾國荃軍營差遣以儲將選又舉人候選知府黃遵憲學識恢遠留心時務於歐洲亞洲各國情勢尤極瞭然前充日本參贊官近復充美國金山領事官甚得輿情外人咸相嘆服此專對材也可否特旨存記以備使才該二員久滯下僚微臣知之有素用敢附片陳列伏惟聖明采擇謹奏

光緒十年九月初五日附片奉

上諭鴻臚寺卿鄧承脩奏保薦人才以備採擇等語刑部主事楊秀實着發往楊岳斌軍營差遣委用候選知府黃遵憲著軍機處存記欽此

請密派重臣查辦臺防疏

奏爲風聞疆臣因病阻兵台防危急請

旨密派重臣速往調度以固軍心而維大局事竊以法人侵犯台北警報紛來千詭萬變八月中忽傳基隆之捷忽傳滬尾之勝旣而忽傳基隆失守矣自法船封口台報不通卽間有電音亦莫不以餉缺兵單疾疫無援爲詞坐耗數月之糧未嘗接一仗殺一敵臣心竊疑之因博訪人言參稽文報咸謂基隆之退我軍實未嘗敗且未嘗戰也徒以知府李彤恩與孫開華同駐軍滬尾挾其宿怨飾詞告急簧鼓衆心劉銘傳驟爲所惑遽令撤師將士皆泣百姓遮道攀留莫及閱稅務司來稟西人言之尙爲憤懣固不獨基隆廳一稟歷歷如繪也我兵以是日退而法兵卽以是日踞岸治至二十日孫軍大勝敵將授首滬尾之防固台北之守嚴而基隆竟不可復矣劉銘傳素號知兵登岸之始不過千人矣該撫自應力圖補救乘其營壘未固喘息未定之先合集土兵更番疊戰分兵以擾之多方以疲之彼以主客異形衆寡異勢又安能久踞而立於不敗之地哉聞該撫自基隆退後

知爲李彤恩所誤愧悔莫追神魂若失舉動語言驟改常度竟似有
心疾者闔人皆知而獨不肯爲
朝廷一言耳夫師之進退在乎主帥全台之命係於一人今曹章諸將
已無所稟承株守七堵業經數月
朝廷若不早爲措置台防決裂恐在目前臣實慮之極愚欲乞
密旨電飭楊岳斌無論行抵何處迅速渡台察看劉銘傳如精神識略足
肇全台即令傳
旨責成限日克復基隆以贖前過即以基隆之得失定該撫之功罪儻病
狀屬實則應先解其兵柄不得遲回致生他變一面按照基隆廳所
稟確查李彤恩挾私誑稟致失事機罪狀如果屬實即行就地正法
以肅軍心至梁純夫稟中有李傳相私電劉銘傳謂基隆可守則守
不必强爭法必格亦有劉爵帥先令孫總鎮退回滬尾孫鎮誓死不
遵之言雖係得自傳聞而失機喪地調度乖方虛實均應根究乞一
併
飭令楊岳斌密查據實具奏現在恒春新竹鹿港各口處處可通亟懇

諭令楊岳斌不必守候全軍致稽時日另照錄基隆通判梁純夫淡水新
關稅務司法來格二稟呈
覽伏乞
皇太后
皇上聖鑒察核施行謹
奏
光緒十年十一月初六日
請寬講官處分以作敢言之氣疏
奏爲講官被議罰重情輕謹披瀝直陳仰祈
聖鑒事臣竊見近者內閣學士徐致祥以言事詆訐被議左中允樊恭煦
復以該學士因言事獲咎恐昧求言本懷請
申諭諸臣並蒙降黜徐致祥之摺至今未見邸抄不知所訐者何事所詆
者何人臣亦無從置議惟查樊恭煦所陳縷縷過慮以言路阻塞爲
慮不過欲廣
朝廷聰明開張

宸聽而已其言縱曰冒昧其情實亦無他一旦聯翩被黜

命下之日中外驚疑恭讀

世祖章皇帝上諭凡事關朕躬何令不信何政有差在事諸臣曠職之愆

叢弊之處及內外各司何害未除何利未興言官各據見聞極言無

隱一切啟迪朕躬匡弼國政所言果是即與採用如有未當必不加

罪毋得浮泛塞責又恭讀

聖祖仁皇帝上諭目前時務以開言路為最要果能不徇情面秉公參奏

內外所行不端等官自懼而知戒如此則於言路大有益矣科道等

官如有所見即據實直陳不得隱諱所奏果是朕即施行如或不是

亦不議罪仰見

祖宗因時垂訓不欲深罪言者惟恐人之不言言之不盡固不僅以分別

門戶標榜攻訐訓斥諸臣也伏見我

皇太后

皇上勤求治理優容直臣十餘年來未聞有以言事獲咎者臣曩備位

諫垣每與台官論及莫不私相慶忭以為

聖德寬宏前古未有此又臣等所親見足爲萬世之光今若以樊恭煦賡陳之小失而遽行黜降不惟有乖衆論實亦稍累

聖明且人臣以盡言爲忠人君以納諫爲美臣讀本月初七日

諭旨中間有云若謂言路因此而阻該中允何以又有此奏是

朝廷直以該中允所奏爲未嘗阻塞言路之徵臣以爲言路之通塞在上之人能聽言與不能聽言而已今該中允以纖過而獲重譴是明明以言獲咎

朝廷縱無拒諫之實天下之人其誰信之夫富貴寵榮人情所欲也廢棄黜辱人情之所懼也容而納之尙恐不勸今又深加折責誰不苟求自安若皆以樊恭煦爲鑒則

國家將何所賴方今法寇方張民情擾攘內無艮平之佐外無管樂之才而執政之臣又不能仰體

慈懷博諮羣策功換時艱臣以菲材叨蒙

隆恩擢於衆人之中委以繁鉅之任明知言出禍隨不忍遂自基默以固

寵保身伏乞

朝廷平氣虛懷深維國計
特寬樊恭煦降調處分以布寬大之恩以作敢言之氣則臣雖獲咎亦無
所憾伏惟
皇太后
皇上留神采納天下幸甚謹
奏
光緒十年十二月十四日奏十七日奉
上諭鴻臚寺卿鄧承脩奏講官被議罰匪情輕將樊恭煦降調處分寬免
一摺所奏非是近來言事諸臣每多肆口譏評甚至不平心論事此次
徐致祥獲咎因其有意詆訐前經降旨甚明樊恭煦未能體會輒行
陳奏是以僅予薄懲該員前在陝西學政任內聲名尚好朝廷早有
所聞將來是否錄用自有權衡該京卿何得輒稱有乖衆論請將處
分寬免使用人之權操之自下尚復成何政體摺內所稱
祖宗因時垂訓不准以分別門戶標榜攻訐訓斥諸臣等語試思門戶標
榜最為惡習恭閱乾隆年間

聖諭屢以暗結黨援混淆國是爲戒恭引
聖祖仁皇帝實錄內有言路不可不開亦不可太開之
諭嚴切申誡實爲億萬世訓行之準本年三月間欽奉
懿旨亦以門戶標榜傾軋攻訐等弊諄諄訓飭方今時事多艱廣開言路
中外臣工陳奏事件如果切中事理無不立見施行卽偶有語言文
字之疵亦不輕加責備獨至妄呈胸臆挾私揣測不得不切實訓諭
徐致祥降調後陳奏時事如萬培因汪鑑汪正元惲彥彬黃自元等
摺或留備觀覽或分別飭議無非集思廣益可爲言路無阻之明徵
何致臣下相率緘口如該京卿所慮耶鄧承修於本年春間奏參徐
延旭庸妄等情已在該革員僨事之後成敗論人並無遠見此類章
奏往往有之從未稍加申飭正是優容言官不存苛責該京卿自負
敢言竟以言出禍隨等語登諸奏牘純臣忠愛之心必不出此是直
故激朝廷之怒以博敢諫之名此等伎倆難逃洞鑒著將原摺擲還
並交部議處欽此
奏爲恭謝

天恩事本月二十五日內閣奉
上諭吏部奏遵議處分一摺鴻臚寺卿鄧承修應得降三級調用處分加
恩着改爲革職留任欽此伏念臣賦性剛拙學術毫無竊逾分之寵
榮荷難勝之重任失在名身用之未見其效咎由自取去之亦復何
尤迺曲荷
聖慈不從吏議草木無知既屢煩於
訓誨輪轅曷取向不忍於棄捐閒
命驚慙撫躬循省獨披
乾坤之貸實荷
日月之明惟有恪守初心勉圖後效以期仰報
高厚鴻慈萬一所有微臣感激下忱理合摺叩謝
天恩伏乞
皇太后
皇上聖鑒謹
奏

光緒十年十二月二十六日

奏爲特委貪劣鑽營之藩司請

旨嚴查究辦事臣維粤東吏治積疲已久雖屢經彈劾而監司大員不能痛戒前失且變而加厲竟有貪黷巧詐如調任藩司龔易圖者臣請披瀝爲我

皇太后

皇上陳之該藩司之由庶士改知縣也謁選雲南於時雲南兵事方殷該藩司徘徊不進鑽營奏留屢經部駁後竟貪緣得留山東其規避取巧已見端矣由是洊升道府久任登萊囊橐充盈甲于閩省迨由江蘇按察使丁憂回籍屢與鄉人搆訟甚至毁拆米朱子祠據爲己有福建紳士聯名稟控該藩司知衆怒難犯始行改回及陳臬廣東適前運使何兆瀛被劾力求督撫得暫兼署於是濫充省河各廠巡丁勒索銀萬餘金臬署自金國琛以來每年有賭館規封銀六千兩稍自愛者皆不屑受或捐置書院或歸善堂而該藩司則泰然收受前年升任雲南該藩司憚於遠行又以滇地瘠苦難饜慾壑人言藉

藉皆謂藩司逗留數月必有希冀已果用其故智籲懇前督臣張樹
聲奏留辦理洋務藉事遷延無何而竟與剛毅對調矣該藩司既如
願以償益恣睢貪縱如前南海縣丞薛瑤光購買軍火浮冒多金前
藩司剛毅正擬撤參龔易圖於督撫之前力爲緩頰而薛瑤光初則
調之海陽旋且留省差委肇慶黃岡稅廠正餉四萬二千兩書吏年
送藩署陋規三千兩遂以徵收短少爲辭祇解餉銀三萬兩前藩司
剛毅將此欵撥歸正餉勒令解足龔易圖接任後復入私囊而黃岡
廠一切陋規雖屢經查辦不能復革矣其尤甚大妄爲者廣東州縣
歷年虧空已至四五百萬該藩司不特不嚴行催解且欲見好屬員
將裁練兵之費爲之暗塡欠欵乎示善後局籌辦各營兵譁譟紛紛
稟訴幾釀事變督臣張之洞弛禁闈姓該藩司從中牟利商人誠信
堂等許饋私規十萬內而以三百八十萬圓承充該藩司即行批准
其後有效忠堂商人等願繳銀四百四十萬圓督臣批示但較出資
之多寡不論承充之先後該藩司以納賄在先爲之力請乃始合辦
前商以既經加價又係分承祇送五萬圓該藩猶復辦索商人固拒

乃巳廣東州縣向多浮收地丁米羨經前撫臣蔣益澧裁革民受其利該藩司從慂督撫入奏欲照舊加收以撥充軍餉爲名實則暗圖平餘分潤幸部臣燭其貪刻駁斥在案尤可詫者該藩司在山東時與廣東武弁梁肇騤認識迨到粵後梁肇騤遂謀合武員梁荔玻妻兄前省城河南龍溪濟巷今居宜安里部民鄧茂鴻之第四女與該藩司爲妾妾之兄鄧耀廷字亦雲者現在太平沙新開永安和鹽館有事密商即使其孀扮作女婢入署面議往來傳遞蹤跡詭秘弊竇尤多該藩司以阜康銀號倒閉及福建兵事方亟本籍之買賣與生息之錢銀又復大損因亟欲取償於粵故其貪謬僉謂自歷任藩司以來所未有也加以徇庇同鄉袒護劣員藩司衙門有福建會館之目凡福建人之官廣東者幾無人不有差使故才調下之劉忱裘伯玉則以同鄉而任以要地劣員如陳嵩壽則引爲私人人言嘖嘖咸爲不平督臣張之洞之初到粵也該藩司託疾不出私慫張樹聲爲之先容張之洞以其在粵多年姑爲慰留至於再三必得手書懇言不爲彈劾始行銷假總而言之該藩司任事則趨避立身則苟且操

守則貪汗狠藉論人則朋比贓私自命能辦洋務能理軍餉實則猥瑣以取賄規掊克以稅間架而於州縣之虧空劣員之侵吞則扶同而舞弊也該藩司一無所長而劣跡纍纍至於如此今已調任湖南猶聞其鑽營督撫臣意欲留辦善後夫雲南瘠遠則再三避之廣東膏腴則覬覦不去貪黷巧詐莫此爲甚應請

旨簡派大員確查嚴行參辦毋令貪狡之員得逃法網則粵民幸甚至闈姓弛禁係粵省督撫臣創議如蒙

派員查辦似應迴避合併聲明臣爲懲治貪吏起見是否有當伏乞

皇太后

皇上聖鑒謹

奏

光緒十一年六月初十日

再廣東學臣葉大焯此次按試惠州歸善博羅二縣學署與賭匪通同作弊屈抑眞才棄鍾王廖之三大姓不錄一人而專錄文彭田等小姓聞文姓考者僅六人而錄其四田姓十人則錄五人呂姓十餘

人則錄七人揭曉之日衆情洶洶揚言碎榜學臣大懼急檄武營勒兵以守闈城遂有學台買票一網打盡之謠學臣自知衆論不服而新生皆已發落無可挽回不得已再行招覆文理不符者甚多該學政只將文炳熙彭日光兩名扣除降作佾生兩生在堂上皆號泣不去學署復傳出每人賞銀二十兩交學轉給缺額則并不拔補然計不買鍾王廖之票尚可獲銀數十萬兩闔省喧傳僉謂若非學署舞弊私買安得神通如此於是肇慶府等屬聞之皆欲罷考矣督臣張之洞創開闈姓之禁聞信後即嚴飭各屬凡買文彭田小姓得售者皆一律充公共得銀數十萬兩咸無異議夫以數十萬之鉅欵設係平民億中使得而復失全數充公豈有不行控告之理其爲學署私買已無疑義且該學政因人尋而再覆因再覆而扣除不通文理之文炳熙彭日光等情弊顯然自應確查舞弊之人請

旨嚴究庶可以伸法紀而杜人言乃該學政事前則聽從幕友播弄事後祇以一覆塞責徇隱不言致令眞才屈抑物議紛騰

朝廷若不嚴加詰問臣恐

祖宗取士之良法不隨壞於闈姓之弛禁不止矣應請
旨將廣東學臣葉大焯先行交部議處並
密派大員將該學政署中之幕友拿獲澈底嚴究並請
特旨飭下該省督撫臣以闈姓流弊如此應如何懍遵
前旨設法嚴禁以肅紀綱以維風化臣籍隸惠州已有確聞不敢不據
實糾劾伏乞
聖鑒謹
奏
光緒十一年六月初十日附片
再臣前聞邸鈔左宗棠查辦福建布政使沈保靖參款僅議以罰俸
九月都下喧傳詫爲異事臣檢閱原奏其他劣款是否消彌尚未可
知惟摺內如稱閩警之際該藩司移眷出署至今異口同聲曾詢諸
督撫臣亦稱難保其必無在該司自言係其弟挈眷回家然彼時人
心惶惶形迹疑似之間未能阻止亦有不合請交部議處以示薄懲
等夫所謂異口同聲者即衆供確鑿也同城之督撫亦不敢保其必

無著則耳目難掩也卽此二証該藩司之移眷先逃已成鐵案矣不
此之據而惟該藩司自行稟覈是據有是理乎乃覆奏者已為此疑
似之說以嘗試
朝廷議覈者遂據其最輕之條以開脫猾吏巧則巧矣如
國法何且此次台防保案該司又復忝然濫膺優叙夫未戰而挈家逃
避既和而槩級優加功罪不明
朝廷尚得謂之有賞罰耶應請
旨將查有實據聞警移眷先逃之藩司沈保靖卽行革職以肅軍律而儆
將來至查覈覆此案之疆臣部臣未能據實定議均屬有意徇縱
應否交部議處出自
聖裁謹附片糾參伏乞
宸斷施行謹
奏
光緒十一年六月初十日附片十一日奉
上諭鴻臚寺卿鄧承修奏福建布政使沈保靖被參聞警移眷出省一欵

疆臣部臣未能據實定議等語左宗棠等查辦此案語涉疑似吏部議駁沈保靖處分亦屬從輕均有不合左宗棠楊昌濬均着交部議處吏部承辦此案堂司各官着查取職名交該衙門議處並着吏部將該藩司應得處分另行核議具奏沈保靖着即開缺來京聽候部議欽此

本月十七日奉

上諭吏部奏遵旨改議處分一摺前福建布政使沈保靖著照部議降三級調用大學士左宗棠閩浙總督楊昌濬均著照部議降一級留任均不准抵銷欽此

再河南開歸陳許道潘仕劍性情猥鄙天資刻薄視嫡母如路人素為鄉里不齒在籍時曾與因案監斃之革員潘增榮綽號紅孩兒認為叔姪恃勢凌人控案纍纍此次闈姓之議係該員編修任內代奏奏請弛禁闈姓先遣人到京鑽營私饋該員銀二萬兩作為酬謝之資如能奏開利則均分同鄉之官京師者無不痛恨以為闔省搢紳之辱聞該員抵河南後又日以剝削民利營求陋規為事於河工

事宜既不諳悉又不留心此等劣員若不亟行罷斥不特有害民生
亦且有乖風化應請
旨飭下河南撫臣嚴行察看據實奏參謹附片糾劾伏乞
聖裁謹
奏
光緒十一年六月初十日附片
奏爲懇
恩給假回籍省親仰祈
聖鑒事臣以庸材叨蒙
知遇歷官有年供職無狀臣母在粵今年六十有七衰齡長途迢遞畏
涉風濤未敢迎養臣籍隸歸善縣去歲縣屬土匪煽亂舉家奔徙道路
驚惶竊於八月間得接家書云臣母驚恐之餘復感受暑熱痰氣上
蒸臥病累月捧讀來書五內徬徨如箭如灼卽欲乞假省親祇以待
罪譯署海氛正惡羽檄紛來臣子之私衷未敢遽陳於
君父今幸

天戈所指海宇復澄仰懇

聖慈俯憐下細給假三月俾臣回籍省親臣母精神倘健即當星馳北上

趨叩

闕廷庶伸烏鳥之情更圖犬馬之報臣不勝懇切待

命之至伏乞

皇太后

皇上聖鑒謹

奏

光緒十一年七月初四日奏

上諭鴻臚寺卿鄧承修奏懇恩給假回籍省親一摺鄧承修著賞假兩个

月回籍省親欽此

跋

吾粵鄧京卿鐵香久任臺諫直聲震天下海內人士偶從邸抄中讀其奏稿輒慨然想見其爲人而毎以不獲見全稿爲憾曩者亡友江農部孝通嘗以抄本見遺友人聞而借觀者殆無虛日屢請付諸手民俾免傳抄之苦且謂京卿高風亮節能令聞者興起此書一出洵足爲砭頑訂懦之一助本局主人既重違其請復私念鄉先達鴻篇鉅册久令湮滅不彰亦後學之責也因檢付本局排印成書以廣吾粵文獻之傳使後之人有所考焉然京卿往奏推古人自焚諫草之義是書之刻有非京卿意者後人循誦茲篇苟沾沾於懇懇毀譽間則京卿之志隱矣

歲次壬寅五月夏至後一日

本局主人謹跋